LES 12 SOINS DE TRANSFORMATION INTÉRIEURE

Lulumineuse

LES 12 SOINS DE TRANSFORMATION INTÉRIEURE

Le lotus & l'éléphant

Direction : Catherine Saunier-Talec
Responsable éditoriale : Lisa Grall
Éditrice : Sophie Bartczak avec l'aide de Margot Baudichet
Correction-adaptation : Stéphanie Viard
Relecture : Orianne Hurstel | Écritoh
Principe de couverture : Nicole Dassonville
Mise en pages : Nord Compo
Fabrication : Anne-Laure Soyez
Responsable communication : Johanna Rodrigue
Responsable partenariat : Dana Lichiardopol – dlichiardopol@hachette-livre.fr

Dépôt légal : septembre 2022
ISBN : 978-2-01-720017-8
42-4753-1

Achevé d'imprimer en France par CPI Brodard et Taupin
en septembre 2022
N° d'impression : 3047904

Nous utilisons des papiers composés de fibres naturelles,
renouvelables, recyclables et fabriqués à partir de bois issus de forêts
adoptant un système d'aménagement durable. En outre, nous travaillons
avec des fournisseurs de papier qui s'inscrivent dans une démarche
de certification environnementale reconnue.

PAPIER À BASE DE
FIBRES CERTIFIÉES

hachette s'engage pour
l'environnement en réduisant
l'empreinte carbone de ses livres.
Celle de cet exemplaire est de :
200 g éq. CO_2
Rendez-vous sur
www.hachette-durable.fr

58, rue Jean Bleuzen – 92178 Vanves Cedex

SOMMAIRE

17 VISUALISATIONS, SOINS ET ENTRAÎNEMENTS AUDIOS

Visualisations et soins

1. Soins d'alignement
2. Augmenter ta vibration
3. Apaiser les relations
4. Abondance, l'inspiration égyptienne
5. Apaiser ton état d'esprit
6. Sur les rails de ta destinée
7. Renforcer les liens avec ton âme
8. Gai-rire

Entraînements

1. Comment soulager une douleur sur l'instant
2. Augmenter ton harmonie intérieure
3. La pyramide énergétique
   (pour fluidifier et équilibrer tes énergies)
4. Pratique du vide instantané et régulier
5. Technique de soin universelle
6. Transcender la tempête intérieure
7. Dépasser le plus grand blocage énergétique :
   l'attente
8. Éradiquer la peur
9. Accéder à ton pouvoir créateur

PRÉFACE

Tous ces soins sont liés, détaillés et réalisables à volonté, par la volonté.

Le temps n'a aucune existence en la fréquence du soin, alors suivez vos envies !

La préparation générale qui débute cet ouvrage est une aide précieuse à la réalisation de chaque soin. Elle comprend également de nombreux tuyaux supplémentaires rassemblant les questions les plus fréquentes qui pourront vous être utiles au moment venu !

Attention : tous les conseils donnés dans ce livre ne se substituent en aucun cas à un traitement ou à une consultation chez le médecin ou auprès d'un professionnel de santé.

PRÉPARATION GÉNÉRALE POUR TOUS LES SOINS

Vous pouvez vous connecter à chaque soin autant de fois que vous le souhaitez.

Chaque étape est une invitation à la connexion consciente, au moment désiré, selon votre propre envie. En aucun cas vous n'êtes **obligé** de réaliser cet exercice consciemment, c'est **uniquement** si le cœur vous en dit. Si vous en avez l'idée, ce sera là une invitation de vos équipes lumineuses, AU MOMENT MÊME OÙ VOUS AUREZ REÇU L'IDÉE, PEU IMPORTE OÙ VOUS SEREZ ET DANS QUELLE SITUATION. Tout d'abord, l'intention doit être pure, claire et nette. Si vous souhaitez mesurer la clarté de votre intention, imaginez que vous prenez un objet dans vos mains, ou faites-le, physiquement. Ce qui donne cet ordre si net, c'est bien votre intention. C'est tout simplement ce même ordre qui doit être envoyé pour vous relier intérieurement au soin.

Aucune mise en condition n'est nécessaire pour envoyer une intention claire et lumineuse. Mais écoutez-vous si vous désirez mettre de la musique, une lumière d'ambiance, pratiquer une activité, vous allonger dans une certaine position… Plus vous vous écouterez et plus vous participerez à votre propre soin en accord avec vos fidèles compagnons, votre équipe lumineuse.

Libérez-vous des questionnements. Prenez soin de placer en vous la confiance au centre de toute pensée préoccupante ou déstabilisante qui pourrait surgir. Enveloppez-la d'amour pour qu'elle s'unisse à la Source en vous. Faites-en un bonbon, un soleil, un papillon ou tout ce que votre cœur vous conseillera de transformer par votre inspiration du moment, empli des conseils lumineux de votre équipe qui vous soutient intensément.

Chacun est appelé à se faire confiance. Installez-vous comme vous le souhaitez, n'hésitez pas à prendre un grand bol d'air, même quelques minutes dans la journée ou dans la soirée afin de vous aider à libérer les pensées et appréhensions du soin. Prenez un petit moment pour vous chouchouter, vous faire plaisir, vous apaiser.

Demeurez centré et n'hésitez pas à lire ou à relire la préparation au soin. Certains seront prêts à voyager en conscience si l'enthousiasme les pousse dans leur « image *in air* », où l'on attend de leur présenter des lieux et des personnes.

Si la journée a été particulièrement difficile, visualisez-vous dans une lumière-amour rose. Si cette lumière est d'une autre couleur, laissez faire, vous recevez simplement les conseils de vos équipes.

Pour les débutants, ne doutez pas ! Libérez-vous des attentes vis-à-vis du soin. Vous êtes les acteurs de cette merveilleuse collaboration avec vos équipes lumineuses. Écoutez-vous dans le silence, libérez votre esprit, veillez à ne pas la remplir. Soyez certains que tout se déroule parfaitement bien, que vous ne pouvez pas vous tromper. Votre qualité d'humain fait de vous un récepteur divin, naturel et très performant. Pour intégrer, restez dans la simplicité. Plus vous ferez le silence dans chaque partie de votre être, plus votre esprit sera tenté de partir ailleurs, et alors il faudra continuer à être ce nuage qui se déplace sans contrôle aucun, sans chercher à savoir ou à comprendre.

Aimez votre mental pour qu'il s'accorde avec votre volonté d'écouter et d'honorer le vide en vous où s'écoule le plein du Tout. Vos vibrations vont augmenter progressivement pour beaucoup avant l'heure du soin. Restez centré en vous, la tête la plus vide possible, soyez dans votre bulle d'amour. Veillez au traitement bienveillant de toute information extérieure pour placer la justesse dans votre centre émotionnel.

Les sensations durant le soin

N'attendez pas de sensations particulières durant le soin, vous risqueriez de ne pas les percevoir. Permettez-vous juste de les accueillir. Pour cela, autorisez-vous à déplacer votre conscience dans des parties de votre corps, de *vos* corps. Les membres, les organes, les glandes, vos centres d'énergie, le prolongement de vos corps éthérés… Inutile de vous encombrer, de les nommer en pensée, placez et déplacez simplement votre conscience en vous, au fil de vos envies. Elles suivront un ordre dépassant la compréhension mentale dont je vous invite plus que jamais à vous libérer ici.

Si vous faites ce soin alors que vous êtes physique occupé à autre chose (rangement, marche, tâche domestique…), l'Univers a un très beau challenge pour vous : il s'agit de conscientiser cette part de vous qui va bénéficier du soin dans un même présent que votre corps physique, qui réalise une tâche sur une autre fréquence. Vous l'avez tous déjà fait. Par exemple, lorsqu'une part de vous est « ailleurs », alors que vous êtes physiquement présent. Vous avez ce pouvoir en vous de déplacer votre conscience sur le « soi » en réception du soin et sur le « soi » physique en activité.

Tout ce qui se passe en vous, toutes les activités et les déplacements de conscience sont une liberté intérieure naturelle et inaliénable. Profitez-en, vous êtes divins !

Début du soin

La première partie du soin est souvent portée par un courant nous permettant de déposer définitivement les reliquats des énergies antérieures. Plus la confiance et la gratitude seront engagées, plus la libération sera complète et fluide dans son passage. Ne doutez pas de votre pouvoir libérateur ! Souriez, vous brillez !

Le voyage

Le voyage peut tenir une place importante durant ce soin mais il ne doit pas être une source de stress et de manque de confiance en soi. Toutes les lumières effectueront le voyage qui leur est proposé en accompagnement par leurs partenaires lumineux et bienveillants. La différence se placera au niveau de la conscience. Certaines de vos équipes privilégieront le voyage durant votre sommeil, d'autres en conscience éveillée.

- **Pour les voyageurs conscients**, l'heure sera venue de laisser la place à votre enfant intérieur qui souhaitera vous emmener dans un lieu de « l'image *in air* ». Sachez que, dès que vous vous autoriserez à entrer dans l'image en action (imagination), vous percevrez les lieux de votre voyage. Si vous vous permettez plus, vous pourrez y voir les êtres présents avec vous, les détails des lieux, mais aussi des symboles, des images qu'il ne faudra pas passer au crible de votre compréhension. Restez plutôt dans la contemplation. Ces voyages d'initiation vous invitent à plonger dans votre inspiration profonde afin de libérer en vous les codes et les savoirs de votre Être véritable, tout au long de vos expériences.
- **Pour les voyageurs du sommeil**, il se peut que des souvenirs vous reviennent au réveil. Il se peut aussi qu'ils reviennent durant plusieurs jours et même plusieurs mois après le soin, toujours sous forme de rêves, car vous continuerez de voyager régulièrement comme vous le faites depuis votre naissance. Acceptez simplement que votre corps choisisse naturellement sa manière de fonctionner. Votre équipe a toute conscience de ce que vous pouvez recevoir et de ce que vous vous laissez recevoir. **Ne doutez pas de votre place, de votre valeur, ne doutez pas de vous, car vous êtes une partie de chacun de nous. La plus belle partie du Tout.**

Enfin, je vous souhaite et vous conseille avec tout mon amour de vous amuser et de **ne pas vous prendre trop au sérieux pour que le sérieux ne vous prenne pas**. De vivre ce soin en lâchant le « faire ». Juste d'incarner pleinement ce vous êtes : une machine complexe qui fonctionne très simplement, un tuyau où circule l'énergie de Vie, de Tout, du beau, de la grâce et de l'éther-nel.

Conseils supplémentaires

La connexion au soin

La connexion au soin n'est pas mentale. C'est une intention, un code, des formes pensées envoyées par votre lumière intérieure sur les champs supérieurs de fréquence. Nous avons l'habitude de nous en servir tous les jours pour mouvoir notre corps, donc nous ne nous rendons pas toujours compte de son fort pouvoir.

Néanmoins, il vous arrive certainement de faire l'expérience plus consciemment de ces formes pensées envoyées, comme celle de se réveiller à une certaine heure et d'ouvrir les yeux au bon moment. Ou encore de vous souvenir d'un ingrédient à prendre pile poil quand vous faites vos courses. J'appelle ça la « poste divine ». J'envoie une lettre, je la poste et je ne reviens pas dessus. Le courrier arrive dans ma boîte (ma conscience) au moment T. La seule chose qui rend la poste divine lente est le mental trop rempli qui reprend sans cesse le courrier posté, ou bien ne laisse pas de place dans sa boîte pour le réceptionner.

Alors, vous avez émis l'intention de vous connecter au soin ? Bingo, c'est tout bon !

La réception du soin

Absolument tout est soumis à la loi de cause à effet qui découle de la loi d'attraction.

Si, ce soir-là, il y a « bidule » qui danse la rumba sur la table au moment de votre connexion, une vache qui danse la polka, vos enfants qui vous appellent, votre matou qui miaule, une tartine brûlée qui sort du toaster, NE VOUS FORMALISEZ PAS ! Ne mentalisez pas cette situation en vous posant tout un tas de questions du type : « Oh non, vais-je réussir à me connecter ? Vais-je réussir à recevoir ? Est-ce que je suis en train de passer à côté du soin ? »

La réponse à tous ces questionnements est :

Cher mental,

Tu es vraiment tout mignon de participer au soin en empilant une tonne de questions dans ma tête. Mais vraiment, vraiment, elles ne sont pas nécessaires et surtout elles me compliquent immensément la tâche alors que tout cela est parfaitement simple car il me suffit d'être, ÊTRE CE COURANT DE VIE QUE JE SUIS, que je transite naturellement pour me relier.

Je t'aime.

Bisous.

La réception par le sommeil

OUI votre Moi supérieur prend des décisions qui ne sont pas toujours en accord avec votre mental. Quand il monte en vibration avec un mental qui s'agite, il préfère souvent attendre de s'endormir (passer en mode veille) pour recevoir. Mais rassurez-vous, plus votre corps aura l'expérience de monter en vibration, plus il les acceptera en conscience, surtout si vous copinez avec votre mental pour incarner le vide, au lieu d'empiler les questionnements dans tous les sens ainsi que les appréhensions. Tout ceci est habituel et se déshabitue au fur et à mesure. De plus, ça viendra rapidement si vous incarnez l'élève modèle (même si on a tendance à préférer être un élève rebelle...).

Les ressentis

Vous pouvez focaliser votre conscience sur les ressentis physiques. Mais ces soins sont donnés à votre corps énergétique. Ils sont donnés en vos corps spirituels s'infusant ensuite vers les corps plus denses, votre corps énergétique et enfin, bien après, votre corps charnel. Le temps de densification dans la matière peut être variable, allant de quelques minutes à plusieurs jours.

Vous pouvez néanmoins ressentir la montée en vibration avec différentes perceptions : être déboussolé ponctuellement, « à l'ouest » ou « perché », un peu dans les vapes, partir en pression plus rapidement, éprouver une empathie plus prononcée, mais aussi avoir des gargouillis dans le ventre, des impressions de flux dans le corps qui se déplacent de manière subtile, des tiraillements, des sensations pas toujours très agréables suivant les résistances imprégnées dans les corps et d'autres complètement inexplicables où vous vous demandez « c'est moi qui fabule ou j'ai senti un truc ? »

Vous pouvez néanmoins ressentir un travail énergétique si votre équipe a décidé avec votre accord de travailler sur vous à ce niveau.

Voyager en conscience

Voici plusieurs conseils très importants pour le voyage en conscience.

- Bien lire TOUTE la préparation au soin.
- Lancer l'application intérieure « image en action » ou « image *in air* » ou « trip » comme vous préférez.
- Imaginez un éléphant vert avec un tutu là, tout de suite. Allez-y imaginez. Regardez-le maintenant danser sur une montagne. Vous y êtes ? Allez-y, un enfant de 5 ans serait déjà plié de rire !
- Eh bien vos guides, vos êtres de lumière, vos élémentaux, vos frères, vos intervenants peuvent vous attendre 107 ans sur cette montagne, si vous ne lancez pas l'imagination en attendant dans le noir de vos yeux fermés, ils ne peuvent pas la lancer à votre place ! Libérez en même temps l'inspiration ! Vous avez votre part du marché à faire pour vous rejoindre l'un et l'autre.
- Pour lancer l'application, passez en mode ENFANT.

À ceux qui doutent toujours

Outre ceux qui ne lancent pas l'application « images », il y a ceux qui prennent des mauvais sentiments, émotions ou ressentis comme une frustration, un lourd fardeau qu'ils portent illico sur le dos ou les épaules (ou les deux) et qui les font se sentir les plus seuls au monde, rapportant ainsi des questionnements du type « ça n'a pas dû fonctionner pour moi », « je ne vois pas de changement mais je suis malade » ou « est-ce que j'ai bien fait ce qu'il faut et pourquoi je subis ça ? »

Il n'y a que votre considération de la situation qui vous coupe de la réalité de votre Moi supérieur, lequel aimerait bien vous expliquer que quand les canalisations sont bouchées, ça ne sent pas très bon... Mais cela ne veut pas dire que le tuyau n'est pas en place et qu'il ne fonctionne pas. Bien au contraire, il est en train de se nettoyer jusqu'à ce qu'il brille ! Il m'arrive de ressentir des choses lourdes, d'être engourdie, d'avoir mal à un membre après un soin, pendant ou juste avant. Seulement, je prends toute ces expressions comme des bénédictions car j'ai conscience qu'elles sont le fruit de libérations qu'il me faut accepter pour me réparer en profondeur. Plus on nourrit la « d'où-leurre », plus on l'alimente. Lâchez-vous la grappe, prenez soin de vous, videz votre tête, concentrez-vous sur vos forces, sur ce qui vous anime ! Et écoutez-vous, car vous pouvez avoir des explications de vos guides par des images et/ou des idées si vous prenez le temps d'abord de faire la paix avec vous-même et de vider votre sac.

Les voyageurs conscients

Vous avez réussi à lâcher prise pour vous permettre de voyager en conscience. Bon, d'accord, votre mental revient encore parfois à la charge mais c'est tout à fait normal et cela arrivera encore dès que vous atteindrez les « frontières du réel », ou du moins ce que votre esprit a défini ainsi. Alors ne paniquez pas, profitez !

Non, vous ne pouvez pas revenir avec toutes les informations des lieux, des rencontres, des personnes, des symboles, des langages… C'est bien pour cela que la pratique amène avec elle la maîtrise vibratoire et permet de gagner progressivement en clarté et en compréhension. Mais jamais assez pour satisfaire votre mental, votre compréhension intérieure, soyez-en sûr ! Quand je reviens d'un tel voyage, mon mental se met à décortiquer toutes les données et me pose un milliard de questions auxquelles j'ai simplement cessé de faire attention. Parfois, je m'y embarque sans m'en apercevoir et dès que je m'en rends compte, je stoppe la machine. Je vide ma tête, je respire, et tout va bien.

Rappelez-vous qu'en classe la maîtresse vous laissait réaliser l'exercice tout seul, justement pour que vous réussissiez par vous-même.

Il y a plein de choses que j'ai complètement zappées en revenant de mes multiples projections parce que je ne captais absolument rien de ce que j'avais vu ou reçu. La seule et unique chose à faire : se vider la tête. Car toutes ces réponses sont dans le vide du Tout. Et elles viennent uniquement quand on est prêt et disposé à les recevoir. Et franchement, ce n'est jamais dans une conférence de pensées dans sa tête !

Alors félicitez-vous, car vous avez voyagé et vous pouvez le refaire !

Les voyageurs inconscients peuvent à tout moment se projeter le replay. Il n'existe aucun passé, ni futur, uniquement des moments présents. Des points de temps que vous pouvez reconnecter quand vous le souhaitez !

LE SOIN QUI FAIT DU BIEN

Pour ce soin, je vais vous guider à travers de petits exercices à réaliser en conscience, étape par étape, sereinement et avec attention. Reliez-vous consciemment au soin juste par intention.

1er exercice : équilibrer vos centres énergétiques

Ce premier exercice consiste à rééquilibrer vos centres énergétiques afin de fluidifier vos énergies. Être mieux aligné avec vous-même, plus à l'écoute de votre corps.

Pour cela, je vous invite à visualiser votre premier chakra. Sa couleur rouge est rayonnante. Il nous relie au monde physique et à la Terre.

Pour les plus imaginatifs, laissez les images sortir de cette lumière. Laissez votre corps vous parler en symboles, en dessins, en ressentis.

Faites cet exercice pour chaque chakra, ou uniquement pour ceux pour lesquels vous en ressentez l'envie. Plus vous vous fiez à vos envies sur l'instant, plus vous vous laissez guider par votre équipe lumineuse et votre Moi supérieur.

Pour chaque chakra, vous pouvez vous aider du support visuel en imaginant que cette silhouette est la vôtre. Vous vous permettez ainsi de faire simplement une projection qui vous facilite la réception et l'activation des énergies adéquates pour vos centres d'énergie.

Gardez en conscience que vous êtes accompagné dès que vous en faites la demande avec gratitude. Votre équipe est auprès de vous, prête à vous venir en aide.

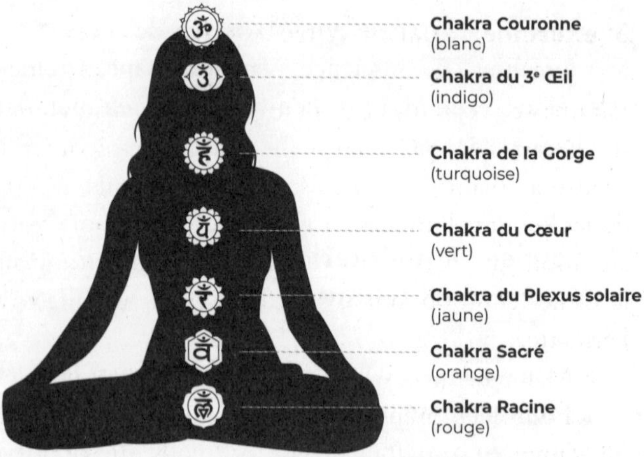

2e exercice : vous ancrer

Cet exercice va vous permettre de vous re-créer un ancrage. Un ancrage adapté aux énergies actuelles.

Pour cela, imaginez que le bas de votre corps s'alourdit. Faites l'exercice debout si vous désirez avoir de meilleurs ressentis.

Imaginez que vos pieds, vos chevilles et vos jambes deviennent comme des troncs d'arbres, droits et forts, puissants et équilibrés.

Reliez cette force tellurique à l'ensemble de la sphère.

Vous pouvez imaginer, grâce à ce support visuel, que la force vibrante qui émane de tout le bas de votre corps, jusqu'à votre plexus solaire, enveloppe l'ensemble de la surface de la Terre, jusqu'à son centre, par un voile rouge irradiant.

3e exercice : apaiser votre esprit

Par apaiser votre *esprit*, on entend ici *mental évolutif*.

Pour cela, prenez un moment pour écouter le silence ambiant. Si vous distinguez des bruits, essayez de les écouter l'un après l'autre, en basant toute votre attention sur chacun eux. Focalisez votre attention sur le silence et tout ce qui se passe dans ce silence que vous permettez.

Maintenant, accordons de l'attention à nos pensées.

Pour cela, prenez le temps d'écouter les pensées qui s'invitent, qui vous jugent, qui vous questionnent ou même vous désorientent quelque peu dans ce silence. Prenez-en une, répétez-la dans votre tête et libérez-la avec votre propre sagesse intérieure, soutenue par votre équipe lumineuse.

Par exemple, je peux penser : « Qu'est-ce que je suis en train de faire ? » Ma voix la plus sage répondra intérieurement : « Je m'accorde un espace de paix. »

Cet exercice est une vraie source de quiétude intérieure. Il peut être réalisé quotidiennement, dans des moments de stress et d'anxiété. Il permet de ne pas percevoir son mental comme un ennemi, mais comme un enfant qui désire des réponses. Et toutes ces réponses, la voix la plus sage à l'intérieur de « vous-m'aime » les connait.

Pour vous aider à libérer vos pensées émises et traitées avec amour, vous pouvez visualiser, en vous appuyant sur l'illustration plus haut, qu'elles se placent dans cette boîte. Et que cette boîte sera prise en charge par votre équipe lumineuse qui recyclera cette énergie dans sa pureté originelle.

4e exercice : l'énergie dont vous avez besoin

Ici, nous allons nous servir des vibrations des voyelles pour générer ce dont nos énergies ont besoin. Pour cela, prononcez les voyelles que vous avez naturellement le plus envie de prononcer. Intérieurement ou de manière verbale, choisissez la manière selon laquelle vous êtes / qui vous met le plus à votre aise.

Les voyelles peuvent être étirées jusqu'au bout d'une expiration. Vous pouvez avoir envie de commencer par une voyelle et de finir l'expiration par une autre : « AAAAAA » peut se transformer en « OOOOOO » comme le besoin initial d'ouverture puis de profondeur.

Chaque son est une vibration. Plus vous êtes à l'écoute des sons que vous avez envie de prononcer dans l'intention de vous apaiser, de vous énergiser ou de vous soigner, plus vous devenez l'instrument de votre propre bien-être.

5e exercice : affirmations libératrices

Maintenant que nous avons détendu et fluidifié vos énergies, nous allons profiter de cet espace d'ouverture intérieure pour lire des affirmations libératrices.

Ce sont des mantras libérateurs suggérés par nos équipes et qui viennent épurer les épreuves que nous faisons vivre en nous-mêmes.

Détendez-vous et lisez ces affirmations avec gratitude. La gratitude amplifie toute réception d'énergie, toute libération soutenue par votre Moi supérieur.

- Peu importe si je ne connais pas encore la destination de mes futurs projets, la graine germe à l'intérieur de moi et se transformera en ce qu'il y a de meilleur pour moi.
- J'ai confiance en moi, j'ai confiance en tout l'Univers qui vit et se forme à l'intérieur comme à l'extérieur de moi.
- Si je ne sais pas aujourd'hui, j'accepte cette ignorance comme un cadeau de sagesse.
- Chaque passage comporte sa spécificité, c'est à cela qu'on le reconnait. Le pas-sage est l'occasion pour Moi d'estimer tout le chemin parcouru jusqu'ici.
- Mon corps et mon esprit sont les alliés de mon bien-être. Aujourd'hui, je les remercie et leur rends grâce pour leur dévotion et leurs services rendus. Je suis eux, ils sont moi, nous sommes une unité. Amour.
- Je me sens bien car je l'ai décidé. Toute autre pensée dissonante est une demande d'amour à moi-même que je me dois d'honorer avec joie. D'accueillir avec sérénité.

- Je suis ce que je suis, telle que je suis et je suis merveilleux(se) ainsi. En moi, je suis la meilleure version de moi-même, à l'extérieur, je suis ce que je choisis d'exprimer. Aujourd'hui, je ME choisis.
- Je suis la paix, je suis la réponse, je suis l'instant présent, je suis tout ce dont j'ai besoin. Je suis ce que je désire être dans le moment présent.

6e exercice : ressentir l'énergie autour de vous

Dans ces énergies stimulées qui orbitent à travers votre aura, je vous invite maintenant à ressentir cette énergie tout autour de vous.

Vous pouvez la visualiser par imagination, observer ses couleurs changeantes, son rayonnement.

Vous pouvez la ressentir en posant votre intention sur votre aura. Elle est comme un espace cotonneux et lumineux tout autour de vous. Dans la légèreté et la subtilité.

Vous pouvez tendre votre bras et rapprocher doucement votre main de votre champ d'énergie, afin de sentir une densité légère créer une petite résistance ou de petits picotements sur votre main.

Maintenant, vous pouvez imaginer que cette grande bulle d'énergie autour de vous se dilate et accroît son rayonnement. Vous pouvez le souhaiter, le demander directement à votre Moi comme une évidence. De la même manière que si vous ordonniez à votre corps de lever la main.

7e exercice : choisir votre état énergétique du moment

Pour ce dernier exercice, nous allons revenir en douceur dans une configuration d'énergie propice à ce que nous souhaitons réaliser à la suite du soin.

Pour cela, si vous avez l'intention de dormir, posez simplement l'intention que vous souhaitez pour votre nuit. Si vous avez envie d'un sommeil réparateur, paisible, doux, posez cette intention dans vos propres énergies comme une certitude intérieure lumineuse.

Si vous avez envie d'aller plus loin avant de reprendre vos activités, vous pouvez réaliser un voyage avec votre équipe lumineuse. À travers « l'image *in air* », vos guides peuvent vous accompagner. Mais veillez à ne pas avoir d'attente, hormis celle de vous faire plaisir. C'est dans la joie que l'épanouissement opère.

Lorsque vous avez terminé, n'oubliez pas de remercier votre équipe lumineuse, de rendre gratitude à l'Univers, mais aussi évidemment à vous-même, au guérisseur que vous êtes, à la lumière rayonnante qui émane de vous.

GRAND SOIN D'HARMONISATION

Notre propre satellite intérieur ré-ajourne ses un-formations pour faire de la place à toutes les nouvelles énergies qui nous sont impulsées par l'Univers.

Se ré-harmoniser, c'est avant toute chose SE LIBÉRER de ce qui nous encombre. C'est un peu comme essayer d'ajouter de l'eau dans un verre déjà rempli. Si l'on veut accueillir de l'eau vive et empreinte

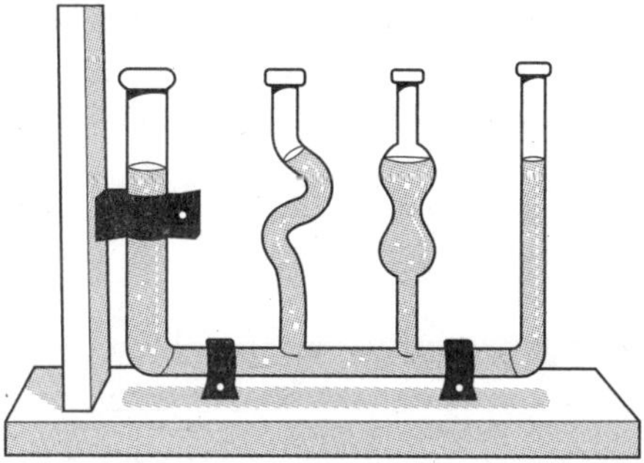

Chacun de ces tubes est un état d'esprit mais peu importe celui que l'on adopte, notre lumière reste la même. C'est à nous-m'aime de prendre conscience que la forme n'est que secondaire, que la situation n'est qu'une partie révélée de quelque chose de bien plus profond en nous-même. Quelque chose qui est et a toujours été là, intact, et qui attend simplement que nous allions aille directement vers elle, au-delà de l'apparence qu'elle a pu prendre. C'est cela notre lumière, les rayons de notre soleil intérieur.

des nouveaux codes qui s'ouvrent intérieurement en nous, il nous faut laisser couler l'ancienne pour préserver la bonne circulation des cycles qui nous composent. Chacune de nos particules est un mouvement permanent ; à leur image, nous devons être en permanence à la fois celui qui laisse et celui qui réceptionne. C'est aussi le principe des vases communicants qui, par l'ouverture, permet de préserver une justesse malgré toutes les différentes formes de situations que nous vivons.

Pour ce soin, nous entrons dans une visualisation étape par étape accompagnée de petits exercices qui ont pour but de nous engager plus profondément dans la confiance intérieure.

La confiance

La confiance dépasse la peur des formes, la peur des projections futures. La peur de tout ce que nous érigeons en barrières.
La confiance ne le remplace pas en repère, elle place au centre votre ÊTRE comme le principal acteur de votre Univers.
Avoir confiance n'est pas regarder l'Univers comme un monde auquel nous devons nous adapter selon les caprices. Avoir confiance, c'est comprendre que l'Univers s'adapte selon notre rayonnement. **Selon notre façon de penser, de réagir, de comprendre, d'analyser, de pardonner, de demander, d'imaginer, de rêver, d'accepter, de créer, de se déplacer, de rencontrer, de se regarder.**

1. Entrée en matière

C'est le début du soin. Entrer dans sa matière pour comprendre que notre image n'est que la fiole du contenant. C'est le reflet que l'on renvoie, l'image que l'on donne.

Que mettons-nous dans cette image ? Que plaçons-nous dans des compartiments sous-jacents à cette image ? C'est ce que je vous invite à faire dans cette première partie du soin.

Imaginez un panier. Qu'y a-t-il dans les compartiments ?

Indiquez tout ce qui est à la surface en vous actuellement, tout ce qui vous « colle à la peau », ce qui peut vous tracasser, vous préoccuper, occuper votre esprit et peser dans la balance.

Par exemple : ma relation avec Y. Mon envie de faire du sport et mon manque de temps pour le faire. Le dîner prévu avec S et A. Mon souci d'acné, ma jambe qui me fait mal, mon projet qui stagne…

Déposez dans ce panier tout ce qui vous vient, même le positif. Absolument tout ce qui vient maintenant, dans cet espace-temps.

Pour aller plus loin

Vous pouvez aussi réaliser un VOYAGE avec votre équipe afin d'aller profondément dans ces feuilles qui doivent libérer l'arbre que vous êtes.
Quels symboles allez-vous recevoir ? Imaginez-vous en situation, dans différents décors, et n'essayez pas

d'intervenir pour analyser les scènes. Votre MOI et votre équipe lumineuse vous donnent les informations nécessaires pour mettre à jour le cycle de nettoyage.

2. Donner et transmuter

Votre panier est désormais sacralisé dans un espace extérieur à vous. Essayez maintenant de visualiser un ÉNORME ARBRE UNIVERSEL.

Cet arbre est particulier car, sur ses branches, ce ne sont pas des feuilles mais les millions de paniers de chaque être sur cette sphère. C'est l'arbre de Gaïa, l'arbre de ce qu'elle doit porter et libérer durant ses cycles de nettoyages profonds.

Qu'avez-vous envie de faire face à cet arbre ?

Vous êtes là et vous voyez cet arbre tordre ses branches sous le poids de tous les paniers. Ils sont des milliards, tous plus ou moins gros, certains grossissent à vue d'œil d'autres se résorbent, d'autres encore se détachent de l'arbre.

Il y en a un en particulier qui se détache de l'arbre. Vous ne savez pas à qui il appartient. Il se détache de l'arbre et commence à changer de forme pour revenir à la terre.

Imaginez-vous vous approcher de ce panier qui vient de tomber sous vos yeux. Vous tendez le bras tout doucement pour le toucher du doigt et vous voyez l'image de la personne à qui ce panier appartenait. Cette personne qui vient de s'en libérer.

Imaginez que vous ressentez son essence à ce moment précis, cette libération qu'elle ressent dans tout son être. Imaginez son état d'esprit à ce moment présent.

Vous pouvez vous fondre avec cet état d'être, vous pouvez devenir cette liberté que vous ressentez.

Vous êtes maintenant un vent de liberté sans forme qui vient parcourir les branches de l'arbre. Sur votre passage, des paniers tombent, certains résistent. Vous n'êtes ni heureux, ni dans une émotion particulière, vous êtes simplement ce que vous êtes. Un vent de liberté qui vient travailler à la régénérescence du cycle. Vous faites maintenant partie de ceux qui œuvrent consciemment pour Gaïa, pour l'Univers tout entier.

Qu'en est-il de votre panier ?

Il n'est plus qu'un lointain souvenir, un tout petit contenant étriqué qui peut vous sembler maintenant dérisoire au vu du poids qu'il vous donnait illusoirement.

Il est tout petit, là-bas, il est tombé lui aussi mais ce n'était pas important lorsque vous étiez ce vent de liberté. Il continue sa transformation comme les autres. Et vous restez ce vent libre.

Pour aller plus loin

Vous pouvez imaginer tous les êtres près de l'arbre qui œuvrent au détachement des paniers. Imaginez-les et discutez avec eux si vous en ressentez le désir. Certains sont là depuis des éons[1] et ont une immense sagesse qu'ils n'hésitent jamais à partager avec bienveillance.

3. La sincérité

Vous êtes si occupé avec l'Univers lui-même que c'est là une forme de libération sans limites. Vous avez transcendé les apparentes préoccupations initiales en les rassemblant d'abord dans un panier, puis vous avez transcendé ce panier lui-même pour incarner ce vent de liberté que vous avez toujours été.

La sincérité de vos œuvres va bien au-delà de ce qui vous retient en apparence.

C'est la phase cruciale qui ouvre sur l'harmonisation de votre ÊTRE. Vous êtes ouvert et disposé à percevoir cette HARMONISATION ORIGINELLE EN VOUS. Non plus à l'établir d'une manière mécanique comme un appareil à régler mais simplement par la conscience que VOUS ÊTES cette harmonisation incarnée.

Le vent de liberté que vous êtes se transforme en un soleil transcendant et lumineux. Vous êtes désormais le soleil au-dessus de l'arbre. Vous êtes immense et vos rayons pénètrent dans chacune des particules qui les croisent. Les cellules de l'arbre vibrent jusqu'à son essence divine qui fait maintenant écho à vos rayons. Vos rayons émanent une vibration qui génère une émulation

---

1. Un éon est la plus grande division des temps géologiques, elle-même divisée en ères (source : Larousse).

d'énergie pure et divine. Vos rayons sont empreints de la pureté originelle et les vibrations s'harmonisent à leur pas-sage.

Vous êtes l'harmonie incarnée.

Pour aller plus loin

Avez-vous déjà conversé avec une entité solaire ? Reliez-vous en conscience avec un des soleils de notre très grande constellation originelle. Faites-vous accompagner par vos équipes, ou encore, demandez à Gaïa de vous aider à établir ce lien incroyablement intense et d'une beauté sans nom. Permettez-vous un voyage avec votre essence, pour ressentir celle de ces entités maîtres infiniment lumineuses, majestueuses ! Je vous souhaite une merveilleuse conscientisation de l'harmonie que vous êtes.

SOIN « EN QUÊTE DE PAIX »

Rappel du soin :
La période actuelle vient nous pousser à nous servir de notre grand potentiel créateur en l'activant par toutes nos ressources inépuisables, celles émanant directement de notre lumière inconditionnelle.

Pour ce faire, nous avons besoin d'une grande transparence envers « nous-m'aime ». Nous avons besoin de trouver l'opacité qui cacherait encore certains de nos rayons. Nous avons besoin d'incarner qui nous sommes et de laisser qui nous avons été.

Ce soin est une quête de PAIX par une aventure qui nous mènera au cœur de nos blessures passées dans un but purement évolutif de transformation. Étape par étape, il nous guidera jusqu'à elles. Il nous délivrera la chronologie de chaque blessure, non par une logique linéaire mais en corrélation avec celle de notre Moi. Il nous aidera à prendre conscience de chacune d'entre elles pour la transmuter en enseignement, une révélation à soi. Il nous mènera également à la rencontre des intervenants lumineux de la grande bibliothèque des Archives akashiques !

Au moment opportun pour vous, lisez chaque étape du soin avec la pratique et laissez-vous porter par l'aventure.

1re étape : stimulation et émulation de notre 5e centre d'énergie

Pour cette première étape, nous allons commencer par une petite respiration consciente afin de nous placer dans une justesse intérieure dépourvue d'attentes, de pressions diverses ou d'émotionnel divergeant.

Inspirez et expirez par le nez, en visualisant pour chaque respiration une lumière bleue rayonnante s'infiltrer par vos narines et venir ouvrir votre chakra de la gorge.

Pour vous aider à ouvrir cette roue énergétique, vous pouvez visualiser (ou regarder) son symbole et sa couleur bleue en le superposant à la vision de votre gorge.

Imaginez votre roue tourner au rythme qui vous apaise et s'ouvrir davantage à chaque expiration.

Vous pouvez aussi prendre quelques secondes pour réaliser cet exercice les yeux fermés.

Les sensations peuvent varier : un léger courant à l'intérieur et/ou autour de votre gorge, des picotements ou une sensation de chaleur qui s'intensifie à mesure de chaque respiration…

Si l'envie de tousser vous vient spontanément, c'est que vous avez une résistance quant à vous soulager d'une pression. Ne retenez pas cette envie, de même si les larmes veulent déjà sortir. Soyez bienveillant avec vous-m'aime, ne vous jugez pas. Respectez simplement les envies de vos corps de se libérer de certains « mentaux ».

Réalisez cette visualisation jusqu'à ce que l'envie se dissipe d'elle-même ou que vous sentiez une petite validation intérieure, comme un « oui » inaudible. Comme le sentiment d'avoir achevé un travail bien fait.

Expression => ex-pression => expulser la pression

Notre chakra de la gorge s'inscrit dans la continuité de notre créativité en expulsant la pression générée par toute l'énergie véhiculée par les quatre premiers maillons de notre autoroute de Lumière.
C'est lui qui permet à l'ESPRIT, au Grand Principe, de s'exprimer à travers la matière dans un corps physique composé des mêmes matériaux.
Vous savez ? Tout ce qui nous reste en travers de la gorge, la gorge qui se noue quand on a envie de pleurer, quand on dit : « être pris à la gorge »... Vous pouvez faire comme vous voulez, pour drainer et expulser la pression générée, il vous faut l'exprimer, la libérer !

Message des guides

« L'expression s'inclut dans votre vérité à mesure que la pression se libère, le bleu de la vérité nettoie car rien ne peut se confronter dans la Vérité qui unit. »

2e étape : voyage à travers la chronologie du « Moi »

Notre Moi n'a pas la même chronologie linéaire que notre mental. Il est conscient de la présence infinie et intemporelle de chaque ligne du temps. Comme une résonance sans bornes.

Pour cette seconde étape, nous allons nous projeter dans le premier souvenir qui nous vient à l'esprit.

- N'essayez pas de calculer ce qui vous vient. Ce souvenir, quel qu'il soit, sera le bon.
- Déterminez simplement avec intention l'envie de voir LE souvenir, maintenant, que votre Moi veut vous afficher sur votre écran intérieur.
- Déterminez cette intention aussi simplement que de vouloir par exemple, là tout de suite, voir une scène de votre enfance, à l'école ou en famille, à vélo, en balade, en vacances, avec vos frères et sœurs, vos cousins, dans votre chambre, en voiture, à noël, à votre anniversaire...
- Si plusieurs souvenirs défilent. Calmez-vous. VOUS êtes celui ou celle qui a la maîtrise de votre écran. VOUS avez la télécommande.
- Imaginez un grand écran de télévision. Imaginez-vous devant, avec une télécommande. Cette télécommande comporte des touches de 1 à 22. Sur quelle touche avez-vous envie d'appuyer ?
- Le chiffre peut vous apparaître en image ou en son inaudible à l'intérieur de vous.
- Visualisez votre doigt presser ce chiffre sur la télécommande et regardez s'afficher spontanément

sur l'écran la première scène qui vous vient à l'esprit.

- Ne cherchez pas tout de suite à comprendre. Vous êtes présentement un spectateur.
- Pour vous aider et peut-être revenir à cet exercice dans un second temps, ou un autre jour, vous pouvez écrire ce souvenir sur une feuille.
- Gardez simplement à l'esprit ce souvenir. Repassez les images en boucle sur l'écran. Même si ce sont des images furtives.
- Afin d'ouvrir en vous plus de fluidité quant à la perception de votre écran mental, vous pouvez prendre quelques secondes pour visualiser votre 3e œil s'ouvrir à un champ de perception de 360 degrés, y compris à l'intérieur de vous. Par une respiration lente et consciente, imaginez cette roue énergétique s'ouvrir et aidez-vous de son symbole et de sa couleur pour vous inspirer.

3e étape : conscience et apprentissage

Gardez ce souvenir et votre position d'observateur.

Si le souvenir se déforme ou a tendance à se déformer lorsque vous le visualisez de nouveau, prenez soin de veiller à la direction vers laquelle cette déformation tend. Est-elle sombre, lourde, pesante ? Ou est-elle angélique, légère, lumineuse ? Les deux directions se mélangent-t-elles ?

N'essayez pas d'analyser et revenez en vous, en tant que maître de votre écran mental. Vous avez toujours cette télécommande et vous pouvez revenir au souvenir original.

Vous avez aussi un bouton « pause » qui vous permet d'afficher une image. C'est une image de vous qui s'affiche.

Vous êtes libre de toutes limites et vous pouvez entrer en empathie avec ce Vous de cette ligne du temps. Observez-vous. Regardez vos yeux, visualisez l'étincelle de vos yeux.

Imaginez-vous ressentir ce que vous ressentez à ce moment-là. UNIQUEMENT si ce souvenir ne vous procure pas une grande douleur. Il n'est pas nécessaire de le revivre, de revivre une douleur si ce souvenir est difficile. Demeurez dans une position d'ouverture et de détachement. Restez élève et observateur. Si les images sont elles aussi éprouvantes, passez à la suite directement.

Vous souvenez-vous du chiffre du bouton que vous avez pressé ? Il vous donne une indication sur ce souvenir.

4e étape : transmutation

Notre souvenir est avant tout le résultat d'une émotion qui n'a pu aller au-delà de notre corps énergétique pour se libérer par la magnificence du «Moi». Il est resté à un stade embryonnaire par un manque de clarté, un manque de compréhension, de pardon, de PAIX intérieure.

CETTE OFFRANDE DE PAIX qui nous libère de nos propres chaines.

Si ce souvenir est joyeux, il peut aussi cacher une nostalgie d'un temps passé, des regrets d'une période terminée, des moments que l'on pense ne plus jamais vivre à nouveau.

Afin de transmuter l'énergie de ce souvenir, revenez au chiffre choisi sur la télécommande de votre écran.

Ce chiffre correspond à une vibration émotionnelle accompagnant votre souvenir, AU MOMENT DE SON DÉROULEMENT.

Afin de libérer le message du souvenir, consultez votre chiffre[1] :

1 Le Potentiel Divin	2 La Maison Intérieure	3 L'Expression
4 Le Pouvoir Créateur	5 La Responsabilité	6 La Croisée des chemins
7 La Puissance de Direction	8 La Loi du Retour	9 La Sagesse du Temps
10 Le Libre Choix	11 La Force Créatrice	12 La Traversée du Désert
13 La Purification	14 L'Énergie de guérison	15 L'Épée Victorieuse
16 L'Éveil Libérateur	17 La Transparence	18 La Clarté Intérieure
19 La Lumière de l'Amour	20 La Reconnexion	21 L'Ouverture
	22 L'Évolution	

Vous n'avez pas vécu cette situation pour vous en faire un fardeau ou un blocage. Vous l'avez vécue pour activer en vous un apprentissage. Ce souvenir

1. Pour consulter l'intégralité de la vibration de votre chiffre vous pouvez vous rendre sur le site de Murielle Robert.

est peut-être le déclencheur de cet apprentissage ou la continuité d'un apprentissage. Il est là pour vous permettre d'**activer des données intérieures** afin de vous placer dans une position plus unie au Moi.

Certaines situations, comme celles qui ont été les plus éprouvantes, sont des moments de réunification importantes avec le Moi. Nous ne sommes jamais obligés d'apprendre par la douleur car la sagesse est toujours un chemin ouvert. Néanmoins, notre sphère est actuellement dans une organisation telle que la sagesse n'est pas une voie d'or et qu'il nous est difficile de nous baser sur notre propre voix intérieure pour nous laisser guider.

À mesure que nous nous approchons du Moi en nous écoutant de plus en plus et avec de plus en plus de volonté d'exprimer ce Moi à travers nos pensées, nos paroles et nos actes, nous libérons cette voix/voie de la sagesse, infiniment plus calme et douce.

Le raccourci unique menant à cette voie est la PAIX cultivée à l'intérieur, pour chaque situation, chaque moment présent.

5e étape : retrouvailles

Pour cette étape, nous allons remonter avant votre venue ici. C'est le moment de prendre un peu de temps pour changer d'air, changer vos pensées, revenir à un état d'esprit ouvert et disponible. Sans attente, sans émotion particulière. Juste dans l'aventure présente.

Pour les Lumières voyageuses, c'est le moment d'entreprendre le voyage vers la grande bibliothèque des Archives akashiques.

Si vous avez besoin d'un plan de route, suivez par la lecture ce voyage.

- Imaginez-vous dans une grande bibliothèque. Cette bibliothèque est à la fois au cœur de la Terre et partout, dans un espace intemporel. Tout est calme. La lumière semble jaillir de tout ce qui s'y trouve. Les rayons de livres sont immenses. On voit des livres sur des kilomètres, au-dessus, en dessous... Le ciel de la bibliothèque est comme ouvert avec une profondeur qui semble sans limites. Vous avez le droit d'être ici et vous pouvez vous imaginer saluer les personnes qui s'y trouvent, d'un signe de la main ou de la tête. Votre intention est visible sur ce plan. Tout autour de vous, votre énergie indique que vous êtes là pour consulter vos propres livres.
- Vous pouvez également voir, ou ressentir en imaginant, les intentions des autres. Celles de consulter un ouvrage pour étudier la Terre par exemple, une autre personne qui est ici pour définir les étapes de sa prochaine venue, ou une autre encore qui est présente pour guider les lumières dans les rayons, au service des archives et de chacun.
- D'ailleurs, cette personne vous a aperçu et se dirige vers vous avec un visage bienveillant et doux. Vous pouvez lui demander votre livre, ou plusieurs, mais vous avez à peine formulé votre demande que vous vous retrouvez dans un des rayons avec des milliers de livres sur une étagère sans fin.

- Devant vous, un livre semble s'illuminer un peu plus que les autres, comme s'il voulait vous indiquer sa présence. Vous le prenez soigneusement et vous l'emportez avec vous jusqu'à un espace de lecture dans lequel vous êtes invité à vous détendre pour entreprendre un voyage au-delà du livre lui-même.
- Vous vous installez. Vous ouvrez ce livre.
- À cet instant, **vous êtes *dans* le livre.** La capsule de lecture a laissé place à un nouveau décor.
- Laissez votre imagination vous guider, sans rien analyser.
- Vous vous retrouvez maintenant sur une ligne du temps passé. Vous vous voyez **VOUS dans la bibliothèque**, avant votre venue sur cette sphère pour cette incarnation-ci.
- Ce même monsieur qui aide aux archives est justement en train de discuter avec ce « vous ». Vous êtes là, en train d'assister à la scène et vous pouvez écouter la conversation.
- Vous entendez ce monsieur poser des questions à votre « vous » passé : « Quelle est le but de votre venue ? » « Pourquoi avez-vous envie de choisir ce métier ? » « Combien d'enfants ? » « Combien de frères dans votre fratrie ? » « Quelle expérience pour activer votre 2e chakra vers la libération de votre art ? Vos dons, vos cadeaux à la Terre ? » « Quels amis de votre famille d'âmes vous accompagnent ? »
- Imaginez la conversation avec **toutes les questions qui vous viennent spontanément**. Vous êtes observateur, vous n'êtes pas ici pour

analyser, juste pour apprendre, apprendre sur vous. Imaginez votre « vous » répondre aux questions qui vous viennent par des phrases très simples et courtes.

Si vos pensées viennent perturber l'exercice, prenez le temps de réaliser quelques respirations conscientes ou revenez-y plus tard.

Prenez-soin de vous voir revenir à vous dans la capsule de lecture puis de revenir à vous ici-même. Visualisez que vous reprenez toute la place dans votre corps charnel, des pieds à la tête ; et si vous êtes encore dans le vague, bâillez, marchez, consacrez-vous à une activité physique comme ranger, boire de l'eau... ou dormir !

Important

Cette préparation est évidemment réutilisable à souhait. Afin de respecter la chronologie du Moi, le bon souvenir sera toujours celui qui apparaît spontanément. Si c'est toujours le même, recommencez plusieurs fois vos voyages et si vous sentez une résistance, lâchez prise et passez à autre chose.
Cette préparation est avant tout un outil pour vous donner les clés intérieures de votre propre potentiel. Apprendre par la sagesse à devenir maître de notre PAIX intérieure. À la cultiver au-delà de l'émotionnel et libérer cet émotionnel pour en apprendre l'initiation originelle.
Chaque corde émotionnelle non libérée se rejoue à l'infini. Ainsi, il n'est pas nécessaire de revenir sur

une ligne de temps passé pour libérer une émotion. Le présent va toujours résonner avec ces cordes et vous présenter des situations qui vous demanderons de VOUS choisir et ainsi libérer spécifiquement ce trouble pour de bon, le transmuter, le transformer, le rendre lumière.

Ce sont ces fameuses roues desquelles nous nous libérons pour nous inscrire dans un nouveau cycle, **le cycle du nouveau permanent**.

LE LÂCHER-PRISE INSTANTANÉ

Pour ce soin, nous allons réaliser de petits exercices de visualisation puis un voyage plus libre afin de reprendre notre pouvoir du lâcher-prise par la conscience et l'appliquer au quotidien.

1er exercice

Vous êtes dans une situation complexe. Vous avez rendez-vous avec une amie qui a besoin de conseils. Vous commencez par vous dire que vous pouvez sûrement l'aider, car cela fait un petit moment que vous cultivez l'écoute du Moi et vous pouvez certainement réussir à recevoir des messages pour elle. Seulement voilà, vous vous retrouvez face à elle et elle mène la conversation en récitant tout ce qui ne va pas, ses doutes, ses confusions et sa situation qui lui paraît bien compliquée en l'état actuel.

Vous ne savez pas comment lui dire que vous pensez intimement que cela vient d'une blessure bien plus profonde et lointaine, que cela est un message pour lui suggérer de quitter ce garçon, que cette situation est en fait une balise... bref : vous, vous mettez à sa place et vous ressentez ce qu'on essaie de lui faire passer comme message à travers cette expérience.

Ressentez l'état dans lequel vous êtes. Vous voulez l'aider mais son ouverture actuelle n'est pas réceptive. Ce que vous allez dire sera certainement compris sur un autre plan. Vous vous sentez un peu « étriqué » dans cette situation alors que vous aimeriez simplement lui partager ce que vous sentez devoir lui dire, ce que vous avez ressenti, ce que vous avez reçu.

Prenez un moment pour imaginer cette situation.

Que faites-vous ? Vous l'apaisez ? Qu'est-ce que vous entreprenez avec elle ? Comment vous comportez-vous ?

Prenez le temps de ressentir les points de tension liés à cette situation.

Votre amie est dans le flou de ses émotions et ses pensées tournent en boucle.

Prenez le temps de donner une issue à cette situation. Imaginez ce que vous faites, ce qu'elle fait...

NOTEZ cette issue ou gardez-la en mémoire.

Maintenant, posez-vous calmement, détendez-vous à nouveau.

Écoutez cette mélodie ou la musique de votre choix, dans une position confortable et le temps que vous souhaitez.

Cette fois, vous êtes un guide juste à côté de votre amie et de vous-même. Vous n'êtes pas visible. Vous êtes totalement bienveillant et lumineux.

Ressentez à quel point vous rayonnez.

Vous êtes empreint du véritable amour, l'amour sans limites et sans frontières, l'amour inconditionnel qui va au-delà de toute pensée ou de tout sentiment.

L'amour qui va au-delà de tout jugement et de toute attente.

Que faites-vous présentement ?

Approchez-vous de ces deux personnages, de cette discussion.

Prenez le temps d'observer ces deux personnalités.

Votre regard se pose sur votre amie.

Comme la ressentez-vous ? Stressée ? Angoissée ? Quelque peu déboussolée ?

Prenez-le temps de la ressentir et de vous ressentir vous, totalement détaché de tout. Simplement rayonnant d'amour inconditionnel, de justesse.

Votre regard se pose désormais sur l'autre personne, ce « vous », en face de son amie.

Prenez le temps d'observer. Observez sa volonté d'apaiser son amie.

Observez son envie de lui donner des messages, de lui parler.

Est-ce que cette personne est totalement détachée ?

Est-ce que ce vous est totalement dénué d'attente ?

Observez-vous sans vous juger.

Peu à peu, vous voyez des milliers de petits fils transparents liés aux enveloppes corporelles des deux personnes.

Imaginez maintenant que les fils qui correspondent à la situation du moment s'illuminent de rouge.

Regardez les personnes ensemble, l'une en face de l'autre.

Autour d'elles, il y a une grande bulle rouge qui symbolise la tension présente de la situation.

Imaginez que vous voyez maintenant tous ces fils illuminés en rouge se rattacher aux corps et enveloppes des deux personnes de cette bulle rouge.

Ce sont les différents points de pression, de tension liée à ce moment présent.

Il y a des fils non seulement sur votre amie mais vous pouvez constater également, dans cette position de total détachement, qu'il y en a également sur votre personne.

Observez ces fils.

Chacun d'eux indique une tension.

Imaginez-vous prendre un par un chacun de ces fils.

Vous en prenez un dans les mains et le tirez légèrement.

Vous remarquez alors qu'ils portent une indication quant à sa nature.

Sur l'un d'entre eux, rattaché à votre propre personne que vous observez de ce point de vue extérieur, vous pouvez lire : « l'attente ». L'attente de pouvoir lui venir en aide, de transmettre ce que vous avez à lui dire.

Vous avez maintenant la possibilité de faire apparaître une lame dorée et fine pour couper ce fil.

Coupez ce fil et observez ce « vous » d'une manière extérieure.

Que se passe-t-il ? Que ressentez-vous chez la personne, chez ce « vous » ? Que ressentez-vous maintenant à propos de votre amie après coupure d'un fil qui vous appartenait ?

Prenez soin de ressentir cet état intérieur de chacun des personnages.

Observez maintenant la lame.

Elle porte elle aussi une indication sur son manche. Une écriture gravée indique « Je suis l'âme qui s'exprime. » L'âme qui libère les tensions, les attentes d'opportunité.

« Je suis l'âme qui agit. »

« Je suis la magie de l'instant. »

Comprenez que l'âme est la libération de toute tension.

Son écoute profonde crée l'ouverture et la connexion pure au moment présent.

Reprenez votre place au sein de vous-même. Ce « vous » en face de votre amie.

Sans attente, en reliance parfaite avec votre âme.

Votre âme a le pouvoir de couper vos propres fils de tension.

Les fils rouges rattachés à votre personne et à toutes vos enveloppes tombent les uns après les autres.

Vous n'attendez plus rien de cette situation, si ce n'est que de la vivre pleinement.

Vous êtes maintenant dans une sérénité rayonnante.

Vous vous êtes aidé vous-même.

Votre rayonnement pur et dénoué de toute volonté permet à votre lumière de s'étendre.

Votre lumière s'étend, se détend de plus en plus.

Respirez calmement et consciemment, une légèreté s'infuse en vous.

Votre lumière semble maintenant éclairer le visage de votre amie.

Vous ressentez maintenant les énergies de votre amie se transformer un peu, devenir plus légères, plus diffuses.

Votre amie commence à perdre le fil de sa pensée, elle commence à prendre le temps de boire une gorgée de ce verre qu'elle n'avait pas encore touché.

Elle se sent de plus en plus libérée, juste par le fait d'avoir pu exprimer ce qui alimentait son circuit fermé, son désarroi.

Une ouverture semble s'opérer en elle, même sans solution apparente.

Dans son énergie, vous pouvez sentir un recul s'installer.

Vous êtes présent. Vous êtes là. Votre présence est le cadeau de l'instant.

Et chaque être qui se laisse simplement être libère une lumière de l'instant.

Au-delà des mots, votre présence permet, elle ouvre.

Revenez calmement à vous en préservant cette ouverture intérieure.

Revenez ici, à cette personne en train de lire ces lignes.

Vous venez de réaliser un voyage initiatique. Soyez empli de gratitude pour la lumière grandissante que vous êtes.

2e exercice

C'est maintenant à votre tour de choisir la situation dans laquelle vous souhaitez vous projeter.

Nous gardons en nous des situations que nous aurions voulu différentes. C'est le moment de choisir celle qui se présente à vous spontanément.

- Entrez dans cette situation et visualisez cette grande bulle rouge qui symbolise la tension de la situation.
- Observez les milliers de fils transparents émaner de chaque protagoniste et visualisez ceux rattachés à la tension de l'instant s'illuminer de rouge.
- Prenez conscience que ces fils, comme ceux reliés à une marionnette, ont eu un impact quant à vos paroles, vos agissements, vos ressentis ou vos pensées, ainsi que celles et ceux des personnes impliquées dans cette situation.

Dans cette situation, le pouvoir de lâcher-prise instantané n'a pas été libéré. Les fils ont dirigé les protagonistes dans la répercussion de la tension. Mais aujourd'hui, vous êtes un observateur détaché et conscient de ce pouvoir de votre âme.

Vous êtes donc bienveillant avec vos propres observations et vous veillez à ne pas créer de nouveaux fils à votre tour.

Vous ne pouvez changer la situation mais vous pouvez observer maintenant le pouvoir qui a toujours été vôtre de libérer une tension, libérer vos propres fils de la bulle principale.

Il a fallu grandir, prendre conscience et expérimenter les effets pour en revenir à la cause.

- Revenez ici et maintenant à la personne qui est en train de lire ces lignes et félicitez-vous d'être de plus en plus conscient de votre propre pouvoir de liberté.

3e exercice

Détendez-vous en effectuant si nécessaire des respirations lentes et conscientes.

Cette partie du soin peut s'effectuer en dormant, avec la simple volonté d'être accompagné par vos équipes lumineuses durant ce voyage initiatique vers l'origine du lâcher. Vous pouvez vous servir d'une musique ou faire ce soin en silence.

Commencez par poser une intention précise à ce voyage grâce à la vibration de son intitulé : le lâcher-prise est à l'origine de toute la création.

- Il a fallu lâcher vos pensées pour vous écouter.
- Il a fallu lâcher vos croyances pour vous éveiller.
- Il a fallu lâcher vos doutes pour croire en vous.
- Il a fallu lâcher le visible pour voir au-delà.
- Il faut lâcher pour exprimer.
- Lâcher pour émettre une intention.
- Lâcher pour recevoir.
- Lâcher pour se sentir aimé.
- Lâcher pour s'aimer.
- S'aimer assez pour lâcher.

Demandez à vos équipes de vous amener dans un décor, dans un lieu avec des êtres lumineux et emplis d'amour inconditionnel. Le lâcher pur qui permet l'ouverture à tout.

Et si vous êtes un peu timide

Vous pouvez procéder par étapes :

- Posez-vous sur votre lit et commencez à imaginer une histoire dont vous êtes le héros. Imaginez le décor et les êtres lumineux qui vous entourent. Vous êtes le personnage principal d'une épopée qui vous emmènera dans de multiples lieux, à la rencontre de divers personnages, parfois étrangement familiers.
- Lâchez les attentes, allez-y sans regarder en arrière. Allez-y sans avoir peur de le faire ou de ne pas pouvoir le faire. Lâchez le faire et libérez le plaisir de découvrir sans attente. Créez cette ouverture en vous et n'ayez pas peur de vous y plonger. Vous ne recevrez toujours que ce que votre âme est prête à vous offrir.

SOIN DE PURIFICATION, RÉALIGNEMENT ET ANCRAGE

✦ Soin à réaliser sur 3 jours

Rappel

Ce soin ne vous demandera pas de disponibilité du corps et du mental durant les trois jours entiers.
Chaque jour sera une invitation à la connexion consciente, au moment désiré, selon votre propre envie.
Chaque étape est une invitation à la connexion consciente, au moment désiré, selon votre propre envie. En aucun cas vous n'êtes obligé de réaliser ce soin de trois étapes consciemment, uniquement si le cœur vous en dit, si vous en avez l'idée, ce sera là une invitation de vos équipes lumineuses, AU MOMENT MÊME OÙ VOUS AUREZ REÇU L'IDÉE, peu importe OÙ VOUS SEREZ et dans quelle situation.
Le reste du temps sera une connexion inconsciente qui sera AUSSI IMPORTANTE pour la réception du soin.

Jour 1 : la purification

Dans un premier temps, ce soin vous aidera à la libération de l'ancienne fréquence, **c'est l'étape de la Purification.**

Clé énergétique de la journée

- Réflexion (intériorisation).
- Patience (l'intention ne doit pas se focaliser sur le résultat, uniquement sur l'instant).
- Silence, calme et quiétude.

Si l'extérieur ne vous permet pas ces conditions, votre intérieur comporte une infinité de jardins secrets où vous pouvez vous recueillir en permanence, même en étant occupé à une autre activité.

Ces lieux de recueil et tous les lieux éthérés vous sont accessibles par « l'image *in air* »[1].

> La logique vous mènera d'un point A à B.
> L'imagination vous mènera partout.
> Albert Einstein

Sachez aussi que vous avez tous le pouvoir de créer un merveilleux jardin éthéré sans mettre les mains dans la terre… Et comme tout ce qui est créé vient d'une idée, vous serez en découverte d'un nouveau lieu !

Couleurs de la journée

- **Bleu de la vérité** qui nettoie (beaucoup d'intervenants du rayon bleu ce jour-là !). Couleur notamment du chakra de l'ex-pression (expulser la pression).

1. Voir *Le guide de l'invisible* (Le lotus et l'éléphant, 2022)

- **Blanc de la paix** qui purifie. N'hésitez pas à vous lover dans ces couleurs libératrices, juste en vous visualisant dedans. Elles seront insufflées tout au long de la journée, pour les recevoir en conscience, il vous suffit de « l'image-innée ».
- **Le rose et le vert** seront deux couleurs présentes également, dans un second plan. Un soutien pour se materner, s'aimer assez pour se laisser tranquille dans un sentiment confortable.

Sachez enfin que rien ne vient de l'extérieur vers l'intérieur. C'est-à-dire que pour activer les rayons stimulés par le soin, votre équipe et votre propre noyau devez incarner cette paix DÉJÀ en vous pour qu'elle prenne une plus grande place. Pour que sa vibration se répande dans toutes les couches de votre être.

Ceci n'est pas réservé à ce jour, vous avez en vous la capacité de l'incarner chaque jour, et chaque jour de plus où vous faites l'effort de laisser vibrer cette fréquence qui s'amplifie dans tout ce que vous émanez.

Ce soin de reconnexion est un stimulateur important pour incarner la quiétude du vide quand la maîtrise veut se frayer un chemin par son profil rassurant.

Ne vous laissez pas embobiner !

« Là, maintenant, je suis en PAIX. »

Rappelez-vous ces paroles chaque fois que des pensées contraires tentent de troubler cette Vérité universelle qui s'exprime à travers vous ! Vos équipes pourront vous la souffler en idée à répétition. Ils veillent à vous aider à vous lâcher la grappe. Ils ne peuvent pas le faire à votre place mais ils mettent toutes les énergies nécessaires pour vous y amener.

Le conseil de votre équipe de lumière pour le jour 1

- Voir ce qui vous entoure avec le cœur (cela efface le jugement mental, les barrières) et être à l'écoute sans fabriquer trop de pensées.
- Écrire et/ou transmettre ce que vous aurez envie, là, à l'instant, de dire, de partager, d'écrire. Une invitation à libérer et à accueillir l'inspiration qui n'est en aucun cas un exercice à s'imposer de Faire. C'est uniquement en spontané.
- Repérer les signes.
- Ouvrir les yeux.

Un soin à réaliser en conscience

Rappel

Les énergies de libération et de purification seront diffusées tout au long de la journée. En aucun cas vous n'êtes obligé de réaliser cet exercice consciemment, uniquement si le cœur vous en dit. Si vous en avez l'idée, ce sera là une invitation de vos équipes lumineuses, AU MOMENT MÊME OÙ VOUS AUREZ REÇU L'IDÉE, peu importe OÙ VOUS SEREZ et dans quelle situation.

- Imaginez-vous entouré d'êtres du rayon bleu. Ces êtres peuvent être très différents les uns des autres, c'est la raison pour laquelle je ne vous partage pas de description spécifique. Ils se présentent à vous selon votre vibration originelle et celle de l'instant. « Image-innée-les » comme vous le souhaitez.
  Le souhait provient d'idées, donc de vos équipes et de votre noyau.
- Ressentez les énergies que ces êtres stimulent autour de vous et en vous, et laissez-les s'infuser, vous porter, vous chatouiller légèrement et s'étendre en vous, se répandre là où elles seront naturellement attirées. Laissez le mouvement de ces énergies évacuer et libérer les anciennes, elles formeront une circulation nouvelle, avec l'impression parfois d'être plus rapide.

Vous pouvez réaliser cet exercice debout ou allongé, comme vous préférez.

Si vous sentez que vous décollez en même temps, veillez à garder une intention sur votre ancrage. Essayer de demeurer dans la justesse réception/ancrage pour éviter les phases de yoyo. Pour cela, stabilisez-vous intérieurement en gardant à l'esprit que vous êtes un prolongement de la Terre, vous êtes naturellement reliés à toute sa surface et à tout son intérieur.

Il n'y a aucune durée fixe sur ce soin (jamais rien n'est figé !). La seule indication est de vous écouter. Soyez simplement en gratitude (un sourire extérieur aide énormément et quand il est dans tous les organes, c'est l'extase !).

Jour 2 : le réalignement

Dans ce second temps, la purification laissera progressivement place à l'activation de nos centres énergétiques dans leur nouvelle configuration. **C'est l'étape du réalignement énergétique.**

C'est en Nous que demeure la responsabilité d'accueillir ou de poursuivre nos habitudes calquées sur l'ancien modèle. C'est ainsi que **nous avons le libre choix de nous aligner au nouveau ou de continuer à cultiver l'ancien.**

Clé énergétique de la journée

- Exploration/Découverte.
- Potentialité/Opportunité.
- Choix/Libre arbitre.

Le libre arbitre sera engagé plus que jamais dans cette journée d'alignement au nouveau. Le libre arbitre est celui qui nous engage quotidiennement à écouter l'idée, la spontanéité, l'intuition, l'inspiration, « l'image *in air* » ou, au contraire, la pensée déterminée (déterminée !), la planification, le contrôle, l'organisation mentale, la matérialité (soucis matériels).

En d'autres termes, le libre choix de vous écouter sans repères est le chemin intérieur le plus court pour s'aligner à la nouvelle fréquence, et ceci pour une raison très simple : TOUTES VOS IDÉES SONT ISSUES DE LA NOUVELLE FRÉQUENCE.

Car toutes les idées proviennent de l'instant, et l'instant est bercé par les énergies de MAINTENANT et non des anciennes. À chaque instant où vous vous écoutez, vous incarnez en vous une note supplémentaire de la nouvelle fréquence. Une étincelle de plus qui fait briller votre lanterne.

Couleurs de la journée

- **Orange** de toute votre créativité intérieure (2e chakra, chakra sacré), la même qui a servi à donner son image à toute création de l'Univers par toutes les idées que la lumière a semées. L'idée EST la lumière. L'orange stimule par conséquent l'optimisme et l'ouverture d'esprit.

Cette couleur (vibration) joue un rôle important dans cette journée de réalignement à la nouvelle fréquence car elle contient tous les NOUVEAUX CODES qui essaient de s'imprégner en vous par votre cré-activité ! Ce sera le bon moment pour la laisser s'exprimer à chaque instant, la laisser sortir de vous, mais pas forcément dans le but de la montrer à l'autre. JUSTE pour vous.

- **Jaune d'or** (du plexus qui reçoit la haute vibration du Soleil et qui rayonne par son noyau tout ce que la créativité du chakra sacré lui a transmis !). Devenir son propre pilier lumineux en s'accordant à la fréquence de l'instant. Celle qui plus que jamais en ce moment nous place devant nos propres contradictions (contre-addictions !).

Là aussi, accompagnez-vous de ces couleurs qui vous seront insufflées toute la journée, mais jamais dans un « je dois faire », uniquement dans un « tiens, là j'ai envie » si vous voulez les recevoir consciemment. Pour les moments où vous n'y pensez pas, elles viennent quand même à vous ! Elles sont stimulées EN vous.

- **Le violet ou l'indigo** sera la couleur secondaire selon les vibrations de chacun.

La couleur (vibration) de l'onde la plus courte, celle qui efface les frontières entre les plans physiques et les mondes de « l'image *in air* » éthérée (é-terre-é = et-air-é).

C'est un jour où l'on a le choix d'incarner pleinement l'élève de la vie ou de continuer à s'ériger en tant qu'unique maître. En d'autres termes, on peut répéter les mêmes scénarios « parce que l'on sait », ou utiliser la Grande connaissance, la Vie en nous, « ÊTRE ».

Le conseil de votre équipe de lumière pour le jour 2

- Accepter. Accepter tout en soi, c'est s'élever suffisamment pour s'offrir la paix.
- Enfant/Enseignant. L'enfant en soi est l'enseignant qui ouvre votre chemin de vie. Tout ce que l'enfant en vous veut.
- Devenir l'attraction de vos envies. Chaque envie/idée/conseil intérieur écouté libère un code magnétique universel qui attire sa réalisation. Si je n'attire pas, je m'oppose. Si je n'incarne pas mes idées, je m'oppose à moi-même.

Un soin à réaliser en conscience

Rappel

En aucun cas vous n'êtes obligé de réaliser cet exercice consciemment, uniquement si le cœur vous en dit. Si vous en avez l'idée, ce sera là une invitation de vos équipes lumineuses, AU MOMENT MÊME OÙ VOUS AUREZ REÇU L'IDÉE, peu importe OÙ VOUS SEREZ et dans quelle situation.

- Imaginez des formes, des symboles et choisissez dans la créativité que vous libérez quelque chose à examiner de plus près. Vous avez ce pouvoir de moduler ce que vous imaginez par la simple intention de le faire.

Si tout autre chose vient à vous, images, lieux, décors, laissez-vous guider par votre inspiration. Ce voyage ouvre le centre de la créativité intérieure, disponible et sans limites.

- Pour le corps, si vous avez la possibilité de vous allonger, vous pouvez porter votre attention sur différentes parties de vos corps et sentir votre équipe « bricoler » sur vous pour ce réalignement, car il touche l'ensemble de vos centres énergétiques. Soyez attentif aux chaleurs, aux micro-touchers, aux micro-pressions, aux micro-manifestations...

RIEN n'est dû au hasard ! RIEN n'est coïncidence, TOUT a un LIEN. La GRATITUDE amplifie les ressentis.

- À tout moment, vous pouvez demander un « bricolage » par vos équipes lumineuses. Surtout au moment où vous en avez l'idée. Et ce, pour chaque jour !

Jour 3 : l'ancrage

Enfin, afin d'adopter une « structure » énergétique plus confortable et durable, le réalignement laissera place à une grande phase d'ancrage. Une étape primordiale pour vivre au mieux les changements de densité en cours dus à l'accélération du temps.

Clés énergétiques de la journée

- Confiance en la force de sa propre énergie.
- Détermination/motivation/volonté/dynamisme.
- Douceur.

Savoir par la douceur de l'intention pure envers soi, cultiver la force de son énergie pour former en soi et autour de soi une harmonie lumineuse entre le ciel et la Terre. Un ancrage qui dessine l'encre de l'ange incarné (AN-cra-GE). C'est aussi le pouvoir d'adopter une structure modulable selon les vents de l'esprit. Les vents de l'idée = UN-VENT-ION.

C'est installer la CONFIANCE avec l'idée et la faire vivre par son énergie de vie, sans se juger.

Couleurs de la journée

- **Rouge,** la passion, l'ancrage de notre 1er chakra qui ouvre le chemin des énergies vitales par son lien direct à la Terre. La réalisation de soi par la matérialisation de son idée.
- **Vert,** qui unit le Ciel à la Terre par le cœur qui fait le lien (couleur du chakra du cœur, 4e chakra). Le vert de la prospérité de celui qui livre son cœur, voit par le cœur, écoute et s'écoute avec le cœur, reçoit en son cœur.

Vert = dans la transparence du « verre » qui laisse briller votre lumière, le « vers » de la direction que votre cœur vous souffle, le « vers » du poète qui laisse son cœur s'exprimer.

Une journée où il vous sera conseillé de contempler et de profiter des plaisirs de la vie, de la passion qui vous pousse à vous exprimer et à délivrer tout ce que le cœur a envie « d'un-planter » et d'étendre, à l'image de la nature luxuriante qui n'attend jamais pour reprendre ses droits.

Le conseil de votre équipe de lumière pour le jour 3

On se con-CENTRE sur ses Forces. Ce sur quoi nous posons notre intention, ce qui l'intensifie (l'intention intensifie !).

Faites bien attention à l'endroit où vous placez votre pouvoir d'intention. Et c'est bien sûr valable pour chaque jour.

Pour cela, détachez-vous du drame et lâchez-vous la grappe sur le ou les rôles que vous vous attribuez (victime, rebelle, mère pour tous, pauvre petit Caliméro...).

Placez-vous en gratitude et suivez le deuxième conseil.

Mettez-vous à disposition de vous-même, c'est-à-dire de vos idées, envies, inspirations sans chercher à vous rassurer (vous n'aviez RIEN À CRAINDRE !) ou à spéculer (voir l'amour de l'instant !).

Un soin à réaliser en conscience

Rappel

En aucun cas vous n'êtes obligé de réaliser cet exercice consciemment, uniquement si le cœur vous en dit. Si vous en avez l'idée, ce sera là une invitation de vos équipes lumineuses, AU MOMENT MÊME OÙ VOUS AUREZ REÇU L'IDÉE, peu importe OÙ VOUS SEREZ et dans quelle situation.

- Que ce soit dans le monde physique ou dans le monde des « images *in air* » (éthérées), promenez-vous dans un lieu où la végétation est omniprésente. Chaque plante, chaque arbre, chaque fleur est la manifestation d'un enracinement tellurique divinement orchestré par l'Univers, comme des capteurs dont l'humain peut se servir pour se relier à ses propres racines. Les racines de ces êtres vivants sont physiques, les vôtres sont dans le monde éthéré, sur une des fréquences de « l'image *in air* » ! Elles sont belles et bien présentes. Si vous voulez les voir, permettez-vous de croire à ce que vous allez imaginer de vos racines. Vos équipes me montrent que dans cette promenade physique ou éthérique, des liens seront créés avec toute la nature environnante pour stimuler vos propres racines, dans une synergie d'échange.

- Ceux qui se laissent assez tranquilles pour imaginer des êtres auront l'occasion d'y convier les élémentaux. Vous choisissez, vous vous écoutez. **Croyez en vous ! L'enfant croit et parce qu'il croit, il voit.**
- En mode allongé, ou debout, vous pouvez simplement prendre quelques instants et demander à votre équipe qu'elle réalise le soin d'ancrage en conscience. C'est-à-dire qu'elle diffuse la grande énergie de soin/reconnexion directement en la stimulant en vous, pour que vous en ayez des ressentis.
- Placez votre intention là où vous en avez l'idée et l'envie, non là où vous pensez que c'est le plus logique. Laissez vos plantes de pieds bien à plat sur le sol et laissez remonter en vous les énergies telluriques. Vous aurez peut-être l'impression de vous ratatiner… Et par la suite, d'être plus stable ou même plus « lourd ».

Je vous souhaite des jours de gratitude profonde, car ils sont la révélation de notre lumière intérieure et de tous nos ressentis.

Message d'après soin

La purification est la première étape salutaire nous engageant dans des remous, qu'ils soient intérieurs ou extérieurs. Vous avez peut-être réussi à vous lâcher assez pour aller au fond de vous, ou vous avez mentalisé la réalisation du soin. Pas d'inquiétude, vous avez bien reçu cette fréquence libératrice qui vous a emmené vers le grand flot de vagues du réalignement du deuxième jour. Un large panel d'émotions a été engagé vers cette ré-harmonisation. Vous avez sans doute été bousculé, tantôt dans votre pôle positif, tantôt dans votre pôle négatif. Et c'est bien cela que le réalignement est venu vous insuffler, l'expression non pas de l'un de ces pôles, mais le centre qui les unit dans la justesse en soi.

Un exercice pas toujours évident à réaliser, souvent incommodant, voire décourageant pour certaines lumières dont les reliquats du passé font encore acte au présent. C'est ce présent qu'il nous faut aller chercher dans la stabilité de toutes les émotions qui défilent. Grâce à cela, nous permettons la purification nos centres d'énergie (chakras), ces domiciles de nos anciennes énergies amalgamées par des émotions du passé.

Vos équipes ont travaillé sur vous en conscience et, grâce à votre envie d'une guidance intérieure épanouie et votre volonté de renouveau, le plus grand du travail a été réalisé inconsciemment.

Vous avez été plongé dans des couleurs vivantes, vous avez peut-être reçu des codes et des symboles, parfois des données incompréhensibles dans notre logique mentale, autant de clefs vibratoires qui s'infusent en votre noyau.

Vous avez peut-être voyagé dans les villes de Shamballa, Telos ou cités environnantes. Ces voyages font partie du soin dès lors que vous avez su ouvrir votre porte de « l'image *in air* ». Il ne nous est pas demandé de savoir où, ni qui, ni comment. Cela s'engage dans un présent du temps zéro où notre conscience est liée à la grande conscience universelle et non à la compréhension, ni à la perception physique.

La matière nous fait bouger, elle incarne maintenant cette pédale d'accélérateur qui donne le ton de nos journées, que ce soit dans nos productions, nos créations, notre service, mais aussi dans notre réception. Cette dernière journée nous a naturellement amenés à nous unir à elle par notre propre densification. Un ancrage au cœur de celle-ci qui a demandé parfois plusieurs jours pour s'y accorder.

Se marier à la matière va devenir de plus en plus difficile si l'on persiste à mener des actions de contrôle alors que le lâcher-prise nous portera immédiatement dans sa vibration.

N'hésitez pas à vous écouter quand vous sentez de nouveau le besoin de vous purifier, de vous aligner et de vous ancrer. Tout ceci trouve naturellement une place lorsque vous suivez vos idées et vos envies.

SOIN DE RECONNEXION À LA MATIÈRE POUR TOUTES VOS RÉALISATIONS

Dans un premier temps

C'est une reconnexion profonde en la matière.

Que vous soyez timides, débutants ou plus avisés, la formidable synergie de l'Univers portée par sa Loi divine d'Attraction activera un courant où chacun des joyaux que vous êtes pourra s'illuminer en dedans.

Ce courant est celui sur lequel vos corps subtils vont simplement se brancher et pourront se connecter ainsi à l'instant voulu. À l'instant choisi par l'idée.

De ce courant, vous recevrez sur mesure, toujours par Attraction, les codes sur-mesure de votre propre évolution, de votre propre ascension.

Ce courant est activé avec l'aide de tous nos frères et sœurs, nos enseignants, nos guides célestes et de l'Intra-Terre, de toutes les lumières qui nous aident sur les autres plans, les autres fréquences. Toutes les vibrations participent de près ou de loin à ce grand accomplissement de la lumière sur la Terre sur laquelle vous êtes venu servir par vos mains de chair, transmetteurs physiques de vos cœurs lumières.

C'est ainsi que vous serez naturellement guidé et accompagné par votre propre équipe lumineuse. Une équipe qui prendra soin de vous bercer de courants confortables, unificateurs, purifiants, apaisants. Une équipe qui vous soufflera en idées et en inspirations tout ce qu'elle vous conseille de réaliser, de manger, votre position corporelle, votre couleur vestimentaire, la chanson qui vous viendra en tête, le parfum que vous désirez sentir…

C'est à vous de simplement vous écouter sans essayer de bien faire. Juste vous écouter dans tout ce qui vous vient naturellement à l'idée sans attendre de l'entendre, en ne suivant aucune logique mentale.

Vous avez l'envie de vous allonger ? Faites-le. Vous avez l'idée de manger un fruit ? Faites-le.

Vous avez l'idée de changer de chaussettes ? Faites-le. Vous avez l'idée de marcher un peu ? Faites-le.

Vous avez envie de sortir voir quelqu'un ? Faites-le. Vous avez l'idée d'appeler un ami ? Faites-le.

Laissez-vous complètement déconditionner de la logique mentale pour vous laisser porter par le courant fluide de votre cœur, qui lui-même s'ouvre pour le soin en cours.

Prenez en considération que vous êtes un pilier lumineux, pilier divin entre Ciel et Terre, entre Terre et Centre de la Terre, entre Esprit et Univers parmi d'autres piliers. Des piliers qui ne font qu'un dans l'Un, uniquement séparés par l'image.

Lorsque vous en aurez l'idée, l'envie, l'inspiration

- Laissez-vous imaginer l'intérieur de votre corps de chair.
- Placez votre conscience sur chacun de vos membres dans un ordre non réfléchi.
- Puis placez votre conscience sur vos organes, ceux que vous souhaitez, toujours sans réfléchir.
- Puis placez votre conscience sur les flux de votre corps, le flux d'air, l'afflux sanguin...
- Puis revenez à sa surface, placez votre conscience sur l'épiderme, sur la peau fine de l'intérieur de vos avant-bras, celle plus épaisse de vos mains…
- Ne cherchez aucunement à savoir si vous faites bien ou si vous le faites dans le bon sens.
- Lâchez-vous la grappe !

Le sens est celui de vos envies, rien ne doit être logique ou planifié, **soyez simplement dans une spontanéité de découverte consciente.** Un voyage dans votre corps de matière.

À l'intérieur même de votre corps de matière, vous pouvez imaginer des êtres et cela est Véritable. Sachez que l'infiniment petit est une même réalité que l'infiniment grand, alors si vous vous prenez à imaginer des êtres sur vos globules rouges, dites-leur bonjour ! Nous avons tellement à découvrir, à apprendre, à parcourir dans cet immense océan d'infinité de variétés de la Vie !

Dans un second temps

C'est à la matière physique en accord avec nos sens physiques que nous allons nous laisser parcourir.

Le sens de l'odorat et du toucher physique sont des immenses catalyseurs[1] de la matière. Nous sommes ce catalyseur qui provoque une réaction par sa seule présence ou par son intervention.

Laissez-vous toucher la matière.

Non pas pour ressentir son énergie, cela en serait une expérience éthérée.

Touchez pour ressentir en la pulpe de vos doigts de matière, eux aussi divins, chacun des grains de la matière physique sous vos mains.

Touchez autour de vous tous les matériaux et formes amalgamées qui vous font envie.

Votre toucher est celui qui a le pouvoir de transformer la matière en or. L'or bien plus riche qu'une valeur, l'or qui émane directement de votre soleil intérieur. Cet or a besoin du contact de vos mains, de votre peau à la matière pour s'infuser en elle.

1. Un catalyseur est un élément qui provoque une réaction par sa seule présence ou par son intervention.

Message des êtres de sagesse[1]

« C'est au contact de la Terre que la graine peut être semée par l'homme qui l'aura bêchée de ses mains, aimée de tout son cœur. La graine est plantée dans la matière par la matière et deviendra un fruit de matière. »

La matière est elle-même le fruit de la divinité qui prend forme en corps divisés quand elle joue de sa propre perfection, c'est-à-dire quand elle devient image.

Vous êtes ce divin subtil et cette matière divine. Vous êtes ce divin qui reçoit l'idée, incarnée en votre féminin sacré. Vous êtes cette matière divine qui créé, incarnée en votre masculin sacré.

Servez-vous de cette incarnation pour incarner ce pôle masculin en la matière en l'accomplissement de toutes les idées en votre pôle féminin. Incarnez l'idée du changement, vivante, « mater-réelle ».

Conseil lumineux

Soyez vous-m'aime ! Ce soin ne s'adresse pas à votre mental. Votre Vrai Vous se connecte et reçoit même si votre tête doute ou ne sait pas quoi faire.

1. Cette équipe qui me parle se compose essentiellement d'êtres de Shamballa et de l'Agartha.

Alors faites la Paix et lâchez-vous la grappe le plus possible, ça réduira la séparation avec votre Vrai Vous. Vous pouvez regarder un film, occuper votre mental pour laisser bosser l'esprit.

Challenge pour les personnes « perchées » ou avisées

Et si vous vous sentiez prêt pour vous laisser guider TOUTE LA SOIRÉE et/ou un bout de la MATINÉE par votre Vrai Vous en équipe avec vos guides ? Sur ce courant de reconnexion à la matière ? Une idée comme ça…

Message d'après soin

Comme les flocons de neige qui fondent sur la langue ou deviennent une boule de neige en les compressant dans nos mains, la matière est l'outil principal de toutes nos réalisations. Tout ce que qui nous est transmis en idées sont des courants créateurs de nos outils de demain : nos habitations, nos exploitations, nos vêtements...

Notre densité s'allège peu à peu et un jour notre intention seule pourra moduler la matière pour des réalisations sans fin. Mais aujourd'hui, nous sommes encore ces charpentiers de la matière qui devons agir d'une manière mécanique. Actionner nos bras oui, mais actionner nos bras en accord avec notre esprit.

Vous êtes venu apporter sur Terre des savoirs pour la création du Nouveau Monde, des savoirs qui viennent par la haute vibration du plan Air : par inspiration, par envie, par idée. Des inventions qui changent chaque seconde le présent. Et à chaque seconde, le monde prend un nouveau visage dans ses moindres détails.

Il y a en permanence tout dans le Tout, il n'y a que son expression qui change.

Mais certaines (re)découvertes donnent parfois naissance à de grandes destructions. Ainsi, la science doit toujours être comprise dans le mot « conscience » qui se développe en permanence par le renouvellement, par l'expérience, par le changement constant.

> Il n'existe rien de constant
> si ce n'est le changement.
>
> Bouddha

À l'approche du soin, vous avez sans doute pu connecter avec des parties de votre Moi incarné qui demandaient encore à être éclairées, reconnecter avec ces très or comme les sens physiques dont votre véhicule de matière est pourvu. Cela peut être l'acceptation d'être entièrement présent, ici sur ce plan physique.

Vous avez peut-être voyagé dans la matière à travers le toucher des matériaux nobles, de l'écorce des arbres, du tissu des feuilles, de la nature matière dont les animaux sont les maîtres de sagesse. Le toucher de l'énergie sous sa forme amalgamée, à l'extérieur de vous, sur vous. Pour connecter avec cette matière formée par la vibration ralentie, donnant en notre champ de fréquence diverses densités de composition, comme un large panel de pâte à modeler qui n'attend que d'être sculptée par l'artiste divin incarné. Dans le respect de la matière qui compose aussi bien la table sur laquelle il mange, que son propre corps de chair.

Message des guides

« Quand ta propre matière n'oppose aucune résistance, la matière la plus dense peut t'épouser sans te blesser. C'est le cas pour tout ce qui vit, seule la résistance oppose quand la détente insufflée par la paix nous cajole d'une protection d'amour. La haute vibration de la paix et de la sérénité contenue dans la matière de l'amour est la seule armure qui protège l'être. Car l'amour protège l'être de lui-m'aime. »

« L'imagination est plus importante que le savoir. »

Albert Einstein

Cette reconnexion s'infuse en nous comme toutes les transformations de matière que nous pouvons observer dans la nature, en tant qu'élève de la vie. L'eau devient air, les nuages deviennent pluie, les coquillages deviennent sable...

Avec ce soin, vous avez recouvert vos ailes pour voyager sur d'autres horizons de vous-mêmes.

SOIN DE RECONNEXION DES MÉMOIRES DE VOS VIES ANTÉRIEURES

De la préparation au soin

À l'heure désirée, c'est-à-dire dans le présent où votre esprit vous chuchotera par l'envie de vous relier à cette grande fenêtre, installez-vous confortablement pour vous établir dans une condition favorable à la réception d'images et de bandes vidéo sur l'écran des yeux de votre conscience.

Cette invitation de vos équipes peut prendre la forme d'une invitation, comme « Attention mesdames et messieurs » de Michel Fugain !

Pour rappel, c'est bien le même écran que celui où sont projetés vos souvenirs quand vous décidez d'en dérouler la corde du temps intérieurement.

Vous pouvez d'ailleurs le faire en amont, pour vous rassurer sur son bon fonctionnement.

Faire fonctionner l'écran de vos souvenirs

Déroulez un souvenir. Voyez comment les images se restituent. Elles ne sont pas exactement les images que vous avez vécues, elles se replacent selon leur essence, le goût, la saveur que vous en avez retenu, que vous avez gravés en vous. Car il n'y a pas uniquement des images dans cette corde, il y a aussi des émotions et des sentiments.

Prenez conscience que pour dérouler cette corde du temps passé, il vous a fallu uniquement L'INTENTION de le faire. Rien de plus.

Si vous croyez à ce souvenir, c'est uniquement parce qu'il est aussi gravé dans votre mémoire physique. Mais sachez qu'elle n'a gardé que très peu de choses car elle est extrêmement limitée. Elle est plus un support qui vous permet d'avoir confiance au souvenir que vous déroulez.

Ainsi, dans la projection d'un instant de vie qui n'est pas présent dans votre mémoire physique, votre mémoire matière, il vous faut développer cette confiance sans ce repère de votre bibliothèque mentale. Autrement dit, CROIRE en VOUS sans appui de votre mental. Ici, c'est votre mental qui devra se ranger sur la confiance en votre Vous supérieur. Et non l'inverse.

Cela peut commencer très vite : imaginez une scène. Attention à la vibration d'intention que vous placez.

Si vous songez à imaginer une scène et qu'intérieurement vous envoyez un sens tragique, violent ou triste, vous tirerez instantanément la corde du temps qui résonnera parfaitement avec ce que votre intention a envoyé. Vous vous projetterez une scène qui contient ces codes-là.

J'ai remarqué que très souvent les lumières qui déroulent ces cordes, pour quelqu'un ou pour elles-mêmes, entrent directement dans celles qui sont tragiques !

J'aimerais donc préciser ici que le karma n'est en aucun cas un moyen de justifier un comportement, un blocage (qui n'est qu'illusion sur « soi-m'aime », un manque de lumière/amour !) ou tout autre « pépin » que l'on s'attribue.

Cela nous permet de voir quelle situation se répète et de **prendre conscience que nous devons changer de comportement**, de point de vue, de manière de ré-agir. Et cela commence toujours par **se faire la paix**. Non par trouver une excuse explicative qui soulagerait notre mental, il en va de notre responsabilité !

Si vous vous placez en **joie** et en **gratitude** pour projeter une scène sur votre écran, vous vous lierez avec la corde du présent qui résonne les mêmes codes. Ainsi, vous pouvez voir une scène magnifique, de bonheur intense et d'épanouissement merveilleux. Ces connexions vous délivrent des énergies extrêmement élévatrices. Elles permettent l'émergence encore plus vaste des rayons de votre lumière intérieure.

L'aide vénusienne dans les cordes du temps

Sachez que les Vénusiens ont cette connaissance de pouvoir modifier une corde du temps pour en soulager l'être qui ne saurait s'en défaire (dé-faire = quelque chose qui n'arrive pas à ne pas répéter).

Ainsi, dans les scènes où le dénouement est un choc, une blessure ou quelque chose dont vous ne parvenez pas à vous extraire, vous pouvez compter naturellement sur leur aide pour changer votre point de vue.

C'est-à-dire que vous pouvez soudainement devenir spectateur ou acteur et modifier la situation.

Mais attention ! Modifier la situation ne veut absolument pas dire la retourner à votre avantage. Rien n'est avantage, tout est apprentissage. Ainsi, vous devrez percevoir la justesse en vous pour équilibrer cette situation.

Cet équilibre résonnera en vous et ainsi cette mémoire demeurera en équilibre avec vos propres codes.

Je suis moi-même entourée de présences Vénusiennes extrêmement bienveillantes pour vous partager cela. Au passage, sachez que ces connaissances nous seront de plus en plus dévoilées à mesure de notre évolution. Car elles sont des clés importantes d'évolution dans les sphères d'humains conscients.

La place du mental

Je tiens à partager une petite note pour vous rassurer. Votre mental va tout naturellement émettre des doutes sur la véracité des images perçues. Il peut être très persuasif et c'est tout naturel, il a eu une place privilégiée dans les décisions pour beaucoup d'entre vous. Ainsi, ses arguments sont souvent perçus comme des arguments « en béton ». Mais souvenez-vous que le béton est composé de la même matière source que celle qui vous compose et compose tout l'Univers : l'amour.

Comment être sûr que je ne suis pas victime de mon imagination ?

Le Grand Principe ne peut berner personne. Il EST ce qu'il EST. Seule une division peut s'opposer à une autre division car ce qui est uni ne peut se confronter. Je sais ainsi que je ne peux être une victime que si je me confronte en moi-même.

Croire que nous pouvons inventer quelque chose est une profonde ignorance de notre nature divine.

Un mental d'humain de 3e dimension fonctionne comme un ordinateur. Il a une base de données conférée par son expérience de vie physique qui, elle, a pour références, l'entourage et l'environnement dans lequel il a évolué et sur lequel il a établi sa personnalité et sa perception des choses.

Seulement, pour piloter un ordinateur, il faut un Esprit. Un ordinateur ne peut agir seul, c'est l'Esprit qui donne l'ordre d'action, c'est aussi l'Esprit qui est à l'origine de son invention et de sa création propre.

Si par exemple, présentement, je souhaite imaginer le fruit le plus répandu dans l'Intra-Terre, mon mental a une infinité de références à me présenter. Et pourtant, je n'aurai qu'une seule image qui viendra. D'autres pourront suivre mais il n'y aura toujours qu'une seule première image.

Mon mental est incapable de choisir la donnée. Il a simplement répondu à l'impulsion de l'Esprit qui a choisi la bonne image.

J'ai reçu un fruit bleu, juteux et composé à l'intérieur de petites boules dorées gorgées d'eau acide et sucrée. Je vois aussi que, lorsqu'il mûrit davantage, ces petites boules intérieures deviennent rouges et que cela transforme son goût.

Je ne sais absolument pas pourquoi j'ai imaginé cela. Mon mental ne peut pas le comprendre, il peut simplement me le transmettre car j'ai donné l'intention pure qu'il me traduise cette information.

Ne pas forcer

Si plusieurs images se bousculent : c'est la tempête à l'intérieur. Vous n'êtes pas en équilibre dans vos émotions. Vous êtes surexcité intérieurement et en même temps vous doutez complètement de réussir à voir quelque chose. Bref, vous êtes bien occupé !

Alors comment puis-je voir quelque chose ?

Êtes-vous dans cet état lorsque vous vous repassez le souvenir de ce que vous avez mangé la veille ? Non ! Donc, calmez-vous et lancez-vous un film intérieur. Deux protagonistes font quelque chose, et vous, vous observez. Calmez-vous. Si la scène passe vite à autre chose, calmez-vous aussi.

Observez.

Si vous ne savez absolument pas pourquoi vous voyez cela, c'est très bien. Si vous tentez de savoir pourquoi, arrêtez ça. Vous n'en avez absolument pas besoin, vous tentez de comprendre par le mental et je vous rappelle que ce souvenir n'est pas gravé sur votre disque dur.

Si l'écran est noir

Qu'attendez-vous ?

Voici une règle fondamentale : les êtres qui vous aident dans cette expérience respectent la LOI UNIVERSELLE que chacun est maître de son évolution. C'est à vous de faire le boulot et de lancer les images comme vous le faites sans vous poser de questions avec vos souvenirs. Alors attendre sans émettre l'intention que l'image apparaisse, c'est comme essayer de voir physiquement les yeux fermés : ça ne sert pas à ça, il manque un petit quelque chose.

Lâchez-vous un peu la grappe et imaginez ! Vous êtes un scénariste et là maintenant vous allez imaginer une scène.

Vous savez quoi ? Cette idée que vous avez reçue pour la scène, elle vient de votre Soi supérieur en lien avec toute votre équipe lumineuse. Elle vient de vos propres archives, même si elle a pu prendre une autre apparence du fait que votre mental a besoin de points de repère. Ce n'est pas important. L'important est que vous ayez permis l'ouverture ! Autrement dit, vous avez permis de passer dans cette fameuse fenêtre du temps qui vous prépare au portail.

La durée de l'exercice

Absolument sans importance. Puisque maintenant vous comprenez que le temps n'est pas linéaire… Alors vous regardez et reprenez comme vous voulez.

Quelle vie dois-je voir pour m'aider ?

Mental, mental, mental qui déduit qu'il faut choisir et cibler pour apporter un résultat POSITIF à l'expérience. Eh bien désolée de vous décevoir puisque rien ne vient à vous par hasard, mais uniquement par résonnance.

Tout ce que vous percevrez sera du sur-mesure pour ce dont vous avez besoin à cet instant de votre évolution.

« Calimérotage »

Aucune vie n'est un fardeau ou un boulet à traîner dans ce présent. Toute expérience est un ensemble d'apprentissages spécifiques qui garantissent l'évolution de l'élève de la vie que vous êtes.

Lâchez prise avec la fatalité et tout ce qui vous donne une raison de ne pas voir.

Je vous souhaite de merveilleux moments, de belles reconnexions, de magnifiques passages, de fabuleuses émergences de PAIX en vous.

Message d'après soin

Toutes nos actions sont liées à notre chère maman Terre. Ainsi, quand la configuration nous permet d'utiliser nos portes intérieures, nous aidons en même temps à ouvrir de plus grandes portes pour l'ensemble de l'humanité, pour la sphère et toutes les sphères qui nous entourent et d'une manière générale, pour l'ensemble de la Création.

Un travail de colibri est essentiel : si chacun agit par le cœur pour lui m'aime dans l'amour total de son être, cet amour s'accorde à tout l'amour de tous les êtres et de tout ce qui est. Chacun devient la solution, la réponse, la porte, l'évolution, le miracle du changement.

Ce grand cheminement passe par l'individualité de nos cœurs unis. Chacun dans son cœur sent le cœur de l'autre et de toute la Création battre en lui. Quand nous demeurons dans le cœur, nous sommes naturellement un cœur qui bat *pour* l'Amour et *par* l'Amour, l'Amour que nous désirons servir, remercier et chérir, car cet Amour est notre unité.

C'est dans cet Amour conscience que l'humain de la Terre se dirige. L'Amour conscience n'est véritablement perceptible que dans l'unique existence de ce qui est : le Présent. Ainsi, il est un cadeau permanent. En permanence, il prend forme en idées, intuitions et souffles d'envies, il prend ensuite forme dans la matière, mais aussi à travers nos émotions et dans la moindre particule qui compose le visible et l'invisible.

L'Amour est comme l'eau, une matière qui prend la forme que lui donne son contenant sans jamais changer sa nature. L'humain est un des contenants de l'Amour mais, à l'inverse des animaux, minéraux ou végétaux, il est la forme qui permet de créer à partir de la matière, elle-même une expression de l'Amour dans une forme manifestée. Néanmoins, l'humain doit prendre conscience de la Responsabilité de sa contenance pour Vibrer l'Amour dont il est l'extension.

Un humain peut être le plus grand des contenants par sa capacité à se réaliser, à se perfectionner et à exprimer le potentiel illimité de l'Amour. Mais il peut aussi donner une contenance à l'Amour qui le détruira lui-même, son espèce, son environnement et bien plus encore, nombre de contenants dont il s'appropriera l'existence.

L'ignorance du contenant perfectible qu'il incarne touche à son dévoilement par l'émergence des consciences. Le grand dévoilement est celui de la Connaissance Universelle qui positionne l'humain non plus vers les contenances extérieures, mais vers sa propre contenance. La responsabilité d'être le contenant qui veille sur ce qu'il garde, ce qu'il exprime, de tout ce qu'il crée à partir de l'Amour qui le compose et qu'on lui a confié.

Dans toutes ses formes d'expression, l'Amour s'est aussi transformé en émotions au cours de vos multiples apprentissages et expériences, en incarnations, mais aussi dans une forme désincarnée. Cet Amour qui a pris forme d'émotions ne signifie pas qu'il soit d'une forme positive. D'une manière générale, toute émotion est créée à partir de la matière première, le Grand Principe, L'Amour (il n'est aucunement ici question de l'amour défini par les humains, qui est un ensemble de hauts sentiments).

Rappelons que l'humain est lui-même le contenant de l'Amour qu'il transforme. Ainsi, il est le propre générateur de ses émotions. Si l'humain est conscient d'être contenant de l'Amour, il est conscient qu'autrui est contenant d'Amour. Il est aussi conscient par ce fait qu'autrui peut, tout comme lui, exprimer cet Amour, le façonner dans la forme que lui-même aura définie.

Ainsi, si un humain façonne l'Amour de manière à abîmer le contenant d'un autre humain, celui-ci est responsable de la forme envoyée. Mais si l'humain qui reçoit cette forme a conscience de la nature informelle de cette composition (= L'AMOUR), il ne peut le percevoir comme une injustice mais comme l'ignorance de son responsable. Ainsi, est-on coupable quand on est ignorant ?

Tout ce qui a été joué dans vos vies précédentes est le résultat de l'ignorance. L'ignorance de la réalité de l'être humain en sa qualité de contenant de l'Amour et responsable de son expression.

Vous pouvez penser aux êtres qui agissent contre l'humain de manière consciente. Leurs actes sont conscients mais ils sont dans l'ignorance de leur nature divine, de leur propre contenant d'Amour. Ceux sur quoi nous nous activons depuis des années à les ramener à leur conscience. Car ces humains ignorent qu'ils demeureront à jamais incomplets dans cette transformation de l'Amour par la destruction, qui n'est que l'expression de leur propre contenant, soit : l'auto-destruction.

Il n'y a ni victime ni coupable dans un monde où la responsabilité et la volonté qui transforment l'Amour sont inconnues.

Ce qui a changé aujourd'hui, et pour l'avenir entier de notre planète, est que cette ignorance touche à sa fin, que l'humain conscient est avant tout un être responsable de ce qu'il contient et de la manière dont il l'exprime.

Toutes ces émotions gardées au fil de vos incarnations ne sont ni légitimes pour condamner un comportement ou lui donner raison, ni des points de repère dans le temps. Elles sont des formes de l'Amour de votre contenant, exprimées et gardées par l'ignorance de votre capacité illimitée à transformer cet Amour qui vient de VOUS. Cet Amour que VOUS avez modulé en barrières, comportements répétitifs, craintes, peurs, blocages et tout ce qui peut représenter un frein en vous-même.

Si aujourd'hui vous entrez dans la pleine conscience de l'expression du contenant que vous incarnez dans sa plus haute forme, la transformation s'opère en elle-même sur toutes les lignes du temps, car elle a lieu dans ce présent, et dans tous les présents, grâce à votre ouverture dans le point zéro du temps.

Autrement dit, un humain qui ne se laisse pas gouverner par sa nature divine, c'est-à-dire son cœur écho de l'esprit, LE GRAND PRINCIPE, L'AMOUR, ne peut cultiver une forme d'expression de l'amour qui le sépare en lui-même.

Il est ce contenant d'AMOUR dans sa plus haute expression, l'extension du divin et de tout son potentiel illimité.

Il EST l'idée, l'intuition, la télépathie, l'en-vie : il est la communication universelle.

Il n'est plus dirigé par son mental, mais par le VIDE qu'il incarne au PRÉSENT.

Ce vide, ce courant d'air est la question et la réponse fusionnées, qui est la clé de toutes portes du temps, qui est l'écran de la perception de tous les plans, qui n'est que la Vie sans recherche de compréhension transposable en la seule réalité matière quand la Grande Réalité est bien plus vaste.

RECONNEXION À VOTRE ORIGINE

Préparation de ce soin spécifique

Pour ce soin, nous avons simplement besoin de nous-même pour voyager à travers les lignes du temps qui se jouent en permanence toutes dans le même point 0 du temps !

Je vous conseille de bien lire ou relire la préparation générale au soin *(voir p. 15)* qui vous guide pour savoir se connecter, voyager et accueillir le soin.

Reconnexion à vos origines

Première étape

Il s'agit d'être libéré afin de pouvoir voyager et accueillir sans lourds bagages ou valises qui pourraient générer de la résistance à la réception.

- Pour cela, intégrez un état d'esprit clair et léger. Investissez simplement le moment présent en adoucissant l'impact de vos pensées parasites. Libérez-vous de vos attentes et ne vous projetez pas dans un « après » qui vous déplace sur une ligne de temps différente d'ici et maintenant.

- Partez de ce point de vue intérieur : vous êtes ici, maintenant. Vous êtes une Lumière incarnée ici dans la matière. Dans ce même présent, vous êtes aussi une Lumière qui brille sur tous les plans de la Création. Toujours dans ce même présent, vous êtes une Lumière qui vibre sur toutes les lignes du temps.
- Prenez conscience, dans un calme intérieur, que vous respirez par votre corps charnel, que vous êtes un générateur lumineux et que vous rayonnez une note unique dans l'Univers. Cette note fait partie de la grande symphonie du Tout, elle est parfaitement accordée à tout ce qui vous entoure, à tout ce qui vous relie avec chacun, chaque chose, chaque être.
- Prenez ce temps pour vous observer en tant qu'organe du TOUT, interdépendant et infiniment précieux.

Si vous ressentez des émotions particulières et si celles-ci ne vous placent pas dans une paix ou une gratitude intérieure comme la joie, prenez soin de les confier à votre équipe lumineuse et de placer votre entière confiance dans la bonne réception de celles-ci par des plans qui les transforment instantanément en lumière. Toute émotion est elle aussi une énergie originelle pure, sa coloration vient uniquement de la programmation qu'elle a reçue dans son transit. Placer volontairement des émotions lourdes dans les hautes sphères, uniquement muées par une profonde et belle intention, permet de retrouver cette énergie originelle et de la déprogrammer de ses codes erronés. C'est un peu comme de filtrer de l'eau devenue trouble pour en retrouver sa pureté d'origine !

Seconde étape

Cette étape est recommandée pour les personnes ressentant le besoin d'être davantage accompagnées pour se sentir en accueil, pouvoir demeurer dans une réception plus intime et plus claire.

- Prenez le temps de vous placer dans une position qui vous convient, respirez lentement.

Une fois cet équilibre charnel adopté, adressez-vous à votre équipe lumineuse qui sera taillée sur-mesure pour ce soin.

- Demandez-lui de se placer tout autour de vous et de générer une vibration particulièrement intense pour ressentir sa présence, vous sentir aimé et entouré avec une bienveillance inconditionnelle.
- Demandez-lui de vous aider à ouvrir en vous les portes et les canaux nécessaires au voyage, à la reliance en vous-m'aime, à votre Vrai Vous.
- Prenez quelques minutes pour vous détendre et laisser l'infusion de ces énergies stimuler vos corps subtils et les aider à s'ouvrir.

Troisième étape

C'est le début du voyage.

Il est parfois délicat de voyager sans plan. Ceci est d'autant plus vrai quand nous nous fixons cette pensée que nous ne voyons pas ou que nous n'arrivons pas à écouter. Si tel est le cas, permettez-vous de dé-nouer ces pensées limitatives afin de vous permettre de vous considérer tel que vous êtes vraiment : un être multidimensionnel par nature !

Afin d'accepter ce voyage, il s'agit donc en amont d'accepter de libérer votre imaginaire et votre inspiration pour vous permettre de vivre ce voyage en conscience. Vous devez à la fois être celle ou celui qui impulse cette connexion en activant ces images, et à la fois celle ou celui qui reçoit en les faisant défiler selon votre inspiration du moment. C'est très important pour vivre un voyage en conscience.

Si les images sont brèves ou que vous n'avez pas le temps de les voir clairement, restez serein. Vous avez juste à ré-initier le mouvement et à accueillir en commençant par imaginer un lieu puis les éléments que vous avez envie d'y ajouter sans raison, juste par l'envie.

Si vous souhaitez établir une connexion consciente en commençant par vous relier au guide qui vous aidera et vous accompagnera à travers cette reconnexion, vous pouvez procéder ainsi :

- **Imaginez un lieu, connu ou par inspiration.** Votre guide saura s'y rendre car il n'est pas limité au temps ni à l'espace. Il peut se lier naturellement à votre vibration et vous suivre.
- **Imaginez votre guide, intégrez-le dans le décor**. Si vous ne percevez pas les détails de son visage, vous pouvez simplement vous focaliser sur des détails différents : imaginez ses vêtements, ses mains, ce qu'il porte aux pieds, la couleur de sa peau, de ses cheveux… Peu à peu, ces détails vous donneront une idée générale de son apparence. Elle peut être aussi complètement différente de ce à quoi vous auriez pensé.
- **Imaginez un moment très court** : imaginez-le en train de vous faire un signe, un geste, un

déplacement… Demandez simplement en vous qu'il fasse un geste qui vous est adressé. Vous le comprendrez instantanément. Cela peut-être une salutation, un sourire, un geste amical… Il sait ce dont vous avez besoin, ce qui peut vous placer davantage en confiance ou vous amener vers plus de sérénité.

Quatrième étape

Remonter au cœur de nos origines.

Plusieurs passerelles sont disponibles, il y en a même autant que l'infini !

Trouvez simplement la vôtre. Pour cela nous allons créer plusieurs segments remontant tous jusqu'au point d'origine, comme une chronologie, afin que notre mental puisse suivre et comprendre plus facilement le déroulement du voyage.

Avant de nous incarner en tant qu'humains, nous avons expérimenté énormément d'étapes car nous n'arrivons pas dans la matière avant de l'avoir imprégnée sous tous ses angles, ses matières et sa vie.

Voici les segments incarnés

- Toutes nos vies, ici ou ailleurs, en tant qu'humain.
- Toutes nos incarnations en tant qu'animal.
- Toutes nos incarnations en tant que végétal.
- Toutes nos incarnations en tant que minéral.

Voici les segments non incarnés :

- Toute notre densification, couche par couche, étape par étape de chacun de nos sept corps.

- Toute notre expérimentation sans corps manifesté.
- Toute notre vie sans limitations, uniquement dans une unité, en rien séparée, comme l'océan lui-même contenant chaque goutte d'eau. Le début de notre expérimentation en tant qu'enfant de la Source, mais Source elle-même.
- Pour ce dernier « segment » nous ne pouvons pas le nommer. Il contient tous les segments précédents, il est celui qui les réunit tous, celui dans lequel nous sommes tous cette même Source originelle, celle dont émane toute la Création et d'où part tout mouvement, le verbe, la résonnance et la vibration originelle qui contient toutes les autres. **C'est le blanc immaculé qui contient toutes les couleurs sans jamais les séparer.**

Pour chacun de ces segments

Prenez le temps de placer l'intention sur le premier segment afin de vous y relier naturellement. Ne doutez pas que votre équipe vous aide à l'éclaircir et à éclaircir votre réception, mais souvenez-vous aussi que vous êtes seul à décider de ce que vous souhaitez vous autoriser à recevoir. Plus vous vous décomplexerez de vos propres limitations, plus vous voyagerez. En vous reliant à ce premier segment, autorisez-vous à voir en définissant en vous-même la manière de le remonter.

Par exemple, vous pouvez demander et générer par images une suite de visages, ceux que vous avez empruntés au fil de vos incarnations.

Vous pouvez aussi demander et générer une suite de petites situations en vous focalisant par périodes, comme le Moyen-Âge, l'Antiquité et bien avant encore. Comme tout un tas de petites scènes.

Ceci est dans l'unique but de se retrouver soi-même, non de se juger ou de jouer au curieux pour se définir encore d'une autre manière et trouver des raisons.

Ces connexions permettent avant tout de retracer un parcours afin de remonter toujours plus vers notre propre pureté, nous voir tels que nous sommes, des apprentis sages intemporels, des élèves de la vie, jusqu'à percevoir et ressentir que NOUS SOMMES LA VIE elle-même !

Pour tous les autres segments de temps incarnés, placez-vous simplement comme vous en vient l'idée. Si un animal vous apparaît en particulier, devenez lui, ressentez et observez en vous ce que vous ressentez.

Il est merveilleux de percevoir la clarté de la reliance par le cœur qu'est un animal incarné. Ces êtres n'ont pas la responsabilité de créer mais d'être la Création manifestée. Ressentez ce que vous avez appris à ce moment-là, ce que vivre ainsi vous a permis de percevoir en vous et quelles facettes de votre conscience a grandi par ces expérimentations.

Prenez le temps de vous lier à chaque segment, comme vous en ressentez l'envie.

Ne forcez rien.

N'y allez pas en cultivant un sentiment de nostalgie, soyez observateur, détaché et en paix. Vous êtes en train d'expérimenter, non en train de rechercher à l'extérieur quelque chose qui pourrait vous combler maintenant.

Comprenez que toutes les un-formations que vous cherchez ne sont pas EN VOUS, mais qu'elles SONT VOUS !

> Vous n'êtes en aucun cas obligé de consacrer le même temps pour chaque segment ou la même intensité de concentration. Vous n'êtes pas non plus obligé de toutes les réaliser. Ne conscientisez pas la guidance comme une mécanique figée mais plutôt comme un moyen de vous libérer vous-même de toute limitation par des balises qui aspirent à n'être plus du tout utiles une fois votre confiance grandie et votre conscience bien éveillée !

Cinquième étape

À cette étape, je vous invite simplement à demander à votre équipe de revenir à vous sereinement. Veillez à boire beaucoup d'eau pour une bonne régénération de vos cellules, afin de les aider à intégrer ces nouvelles réceptions.

Permettez-vous de vous ancrer et de prendre soin des trois premiers chakras en revenant à une activité physique. Marchez, nettoyez, rangez… Il est important de mettre son corps en mouvement pour fluidifier la circulation des flux et se permettre de les stabiliser dans une phase de ré-harmonisation paisible par la suite.

Je vous souhaite de merveilleux voyages. Prenez soin de vous, **vous êtes tout ce que vous avez de plus précieux au monde**.

Message d'après soin

Vous, vous êtes une personnalité mais aussi un être unique (= le VRAI vous). En participant à votre reconnexion, c'est entre vos deux parties souvent opposées qu'il vous faut parfois jongler.

L'une a beaucoup de questions, de doutes et attend de savoir pour se lancer. Elle a tendance à résister à l'inconnu, au changement et en génère tout autant de souffrances. L'autre EST LE CHANGEMENT en permanence.

Votre vrai Vous n'émet aucune résistance au changement, tout simplement parce que sa vibration est une note en parfaite résonnance avec le Tout. Toujours en harmonie avec l'Univers, en tant qu'enfant de sa source. **Votre Vrai Vous EST votre origine.**

Votre personnalité a été créée tout autour, comme autant d'adaptations pour évoluer, comprendre, se sécuriser… des configurations récupérées d'expériences et gardées en habitudes.

Aujourd'hui, ces adaptations sont lourdes et de plus en plus inutiles. Elles sont bien souvent des résistances qui rendent le changement douloureux. Or, comme le disait très justement Bouddha :

> « Le changement n'est pas douloureux,
> seule la résistance au changement l'est. »

Sachez que personne ne peut imaginer à votre place.

Les segments de temps qui vous ont été proposés sont des points de repère pour vous aider à situer votre intention. Notre intention est comme cet ordinateur de bord dans la machine à voyager dans le temps, où l'on rentre la date et l'heure où l'on souhaite se rendre. C'est l'intention qui programme la destination et cet outil est très précis !

Si vous avez l'intention de surfer sur un segment mais que vos pensées et vos inspirations partent dans tous les sens, elles vont se dédoubler autant de fois que vous partez dans un sens. Il est donc très important d'être dans une ligne intérieure calme et sereine, afin d'être plus centré sur son intention et ce qu'elle va générer par réception.

Durant le soin, vous avez peut-être ouvert des portes où vous serez invité à retourner, par d'autres canaux, d'autres manières mais toujours dans ce but de vous retrouver entièrement.

Vos équipes vous aident à dégager le passage pour libérer l'action et surtout l'expression dans ce nouveau Moi qui s'ouvre à vous.

Votre Vrai Vous sait toujours quoi faire, mais souvenez-vous qu'il est toujours au présent, la jonction de tous les passés et de tous les futurs.

SOIN DES HABITATIONS

✦ Soin en 2 étapes

1re étape

Cette intention première est votre lien de connexion, il est celui qui va vous relier à cette aventure en synergie avec vos équipes lumineuses.

C'est la libération des mémoires et de nos frères et sœurs en recherche de la lumière dans les plans étriqués du bas astral.

C'est une étape significative qui a pour but d'ouvrir les portes, portails et vortex nécessaires au soulagement à la fois des anciennes énergies mémorielles résiduelles, des âmes en recherche de leur chemin et du soulagement énergétique de notre mère Terre dans son ascension actuelle.

Tout humain est un prolongement de la Source qu'il a en lui. Il est une porte lumineuse car il EST lumière !

Conseils

Pour ce soin, je vous invite à vous libérer des peurs des fantômes.

Si vous faites ce soin, c'est sur les conseils (conscients ou non) de votre équipe lumineuse. Alors, ne doutez pas de leur présence et ayez toute confiance en elle dans cette réalisation qui a pour vocation la reconnexion profonde avec votre maison intérieure, celle qui sait ouvrir les portes, portails et vortex des plans supérieurs pour entendre, voir, sentir et libérer vos frères et sœurs en manque d'amour, à la recherche d'une ouverture de l'autre côté.

Gardez à l'esprit que les entités bloquées sont comme les humains encore incarnés. Il y en a pour tous les goûts ! Et il ne nous sert à rien de les juger. On va simplement les aider, nous aider et aider notre planète par la même occasion.

Nos chers amis bloqués sont dans un état émotionnel négatif qui les maintient dans une vibration basse. Tous n'ont pas la même vibration selon la ou les émotions qui retiennent leur libération. Donc tous ne sont pas sur la même fréquence, tous ne se voient pas entre eux.

Le soin

À partir de l'heure où vous serez dans l'envie de réaliser le soin, je vous invite à vous placer à l'endroit de votre choix. Sachez que vous ne pouvez pas vous tromper !

C'est l'heure du voyage d'accompagnement où vous serez accompagné par votre équipe lumineuse comme co-équipière à la réalisation des portes, portails et vortex.

Placez-vous de nouveau dans l'image en action, « l'image *in air* » ou en mode trip.

Vous allez de vous-même, par idées, envies et inspirations, vous projeter en certains points de votre ou vos habitations, à l'intérieur et parfois même à l'extérieur de celle(s)-ci.

Vous allez avoir envie d'ouvrir, de réaliser des formes sphériques, des ouvertures, des siphons, des créations qui prendront de multiples colorations et qui vous demanderont de LIBÉRER TOUTE VOTRE CRÉATIVITÉ.

« L'image *in air* » posera le décor, la visualisation créera les portes.

Alors, soyez dans la pleine expression de toute la créativité qui sommeille en vous et qui a envie de se dévoiler pour devenir de formidables réalisations hautes en couleurs et en vibrations !

Vous êtes des portes lumineuses qui ouvrent d'autres grandes portes lumineuses. L'intention se voudra sur vous, votre lumière, pour vous laisser créer ces ouvertures, divinement guidé par vos équipes en co-création.

En ces réalisations, vous êtes le pilier, la passerelle lumineuse entre les vibrations du bas astral et les portes célestes des sphères d'accueil. Soyez ce JUSTE qui harmonise les deux pour augmenter par votre rayonnement, votre lumière, les vibrations des âmes en demande et les amener par vos créations à rejoindre les hautes sphères des maisons d'accueil entre incarnations.

Je vous laisse le soin de découvrir ou de redécouvrir les différentes aides des plans supérieurs tels les anges du passage, les nettoyeurs du ciel, les guides, maîtres et enseignants vous épaulant, les élémentaux en soutien tellurique, les habitants de l'intra dans des réalisations de vortex par la Terre, des célestes pour les portails cosmiques, mais aussi des personnes que vous connaissez qui vous aident de l'autre côté pour ouvrir de jolies portes sur-mesure. Ne doutez pas de votre potentiel illimité de réalisation !

Certaines lumières seront amenées à réaliser au-delà des habitations, dans des demeures plus vastes, pour une aide au-delà de nos chaumières. Tout dépendra de la volonté de chaque lumière et sa capacité de croire en elle.

Si vous débutez

Bravo ! Vous avez TOUJOURS été des *ghostbusters* et c'est une simple reconnexion à cette réalité qui est votre que ce « pas-sage » à l'action en ce soin.
Durant ce soin, le point central, c'est VOUS. Évitez de vous relier aux entités en pensant trop à elles, élevez vos vibrations en pensant plutôt à votre équipe lumineuse qui s'est réunie tout autour de vous dans la joie et la bonne humeur pour vous aider. Ce que vous allez faire est très chouette !
Évitez le plus possible de vous remplir la tête de questionnements et essayez au maximum de vous considérer déjà comme un *ghostbuster* « OR-père ».

En pratique

Soufflez un bon coup, souriez et procédez ainsi, si le cœur vous en dit :

- Projetez-vous dans la pièce de votre habitation, celle que vous souhaitez. Faites un choix même si plusieurs se présentent à vous. Chaque chose en son temps.
- Imaginez-vous avec toute votre équipe lumineuse.
- Ce n'est pas important si vous vous y reprenez à plusieurs fois ou que vous ne voyez pas très clairement. Le principal est toujours l'intention ! « C'est l'intention qui compte ! »
- Visualisez une porte, un vortex, un portail ou toute autre ouverture que vous aurez envie d'imaginer. Ce n'est pas important si votre réalisation change de forme en cours de route ! L'important est l'ouverture !
- Prenez le temps qu'il vous faut, reprenez-vous-y à plusieurs fois si vous en avez envie, projetez-vous dans d'autres pièces, sur le toit, dans les alentours... Créez autant d'ouvertures avec autant de couleurs que vous le souhaitez.
- Dès que vous commencez à douter, videz-vous la tête. Si vous avez du mal à vous vider la tête, stoppez et reprenez plus tard. Tout ce que vous réaliserez sera exactement ce que vous devez faire. Ne vous jugez pas trop sévèrement et si vous attendez beaucoup de vous, libérez à fond vos inspirations et laissez-vous créer !

Le nettoyage après ouverture des portes

Il y a encore quelques années, le nettoyage était beaucoup plus lourd, alors qu'aujourd'hui il est simple, rapide et efficace ! Merci à l'augmentation des vibrations de la Terre !

Le nettoyage et la purification sont nécessaires lorsque nous avons ouvert les portes pour aider nos *âmis*. Car, lorsqu'ils rejoignent les sphères d'accueil, ils se délestent de ce qui les retenait dans cette vibration moins élevée où ils cherchaient une porte de sortie.

Pour évacuer leurs mentaux et toutes les énergies résiduelles, vous pouvez faire appel aux nettoyeurs des cieux. Ils sont lumineux et si efficaces que j'ai beaucoup fait appel à eux. Vous pouvez aussi demander à votre équipe, co-réaliser avec elle, aux vibrations du rayon bleu par exemple, ou encore le rayon violet qui redonne sa neutralité aux énergies...

Là aussi vous avez en vous la capacité à créer par tout votre pouvoir de créativité un merveilleux nettoyage en profondeur, en libérant complètement vos inspirations !

Vous pouvez aussi, comme je le conseille à nos jeunes lumières en devenir, demander cette étape au coucher, avant de dormir pour une réalisation en état de veille.

Questions-réponses

- **J'ai plusieurs lieux, maisons, cabinets...**

Vous vous projetez où vous voulez, autant de fois que vous le souhaitez, vous êtes libres ! Vous pouvez aussi développer la capacité de vous projeter dans plusieurs lieux à la fois en conscience.

- **J'ai peur de ne pas bien m'y prendre !**

Vous n'êtes pas seul, votre équipe fait une grande partie du travail ! Alors si vous avez du mal à vous faire confiance, essayez de leur faire confiance.

- **Comment savoir s'ils sont bien partis et si les portes sont bien ouvertes ?**

Vous avez le sourire, vous vous sentez envahi d'amour, une vague vous donne envie de pleurer de liberté ? On peut ressentir vraiment beaucoup de choses !

- **Pour ceux qui ont besoin de réponses plus formelles :**

Votre champ, votre bulle, votre corps éthéré, se rétracte au négatif et s'épand au positif. Quand la réponse à une question est « non » vous sentez ce champ se rétracter et quand la réponse est « oui » vous le sentez se dilater.
Si vous avez du mal à vous ressentir, vous pouvez vous aider d'un pendule ou de quelque chose qui en fait office. Exprimez votre « non » et votre « oui » au pendule pour regarder quel est leur mouvement respectif.

Si vous avez peur de dire « oui » et de penser « non » et donc de brouiller votre pendule, préférez ces affirmatives :

– 2 + 2 = 4 pour le oui
– 2 + 2 = 3 pour le non

Ensuite posez votre question.

Je vous conseille de ne pas trop utiliser votre pendule car il place l'écoute intérieure à l'extérieur de soi ! Alors, bien qu'il puisse être un indicateur pour infirmer ou confirmer, on n'est jamais mieux servi que par soi-même !

- **Je ne suis pas chez moi.**

Vous pouvez vous projeter chez vous de n'importe où ! La projection est très simple lorsque l'on connaît le lieu. Alors ne doutez pas de pouvoir vous y rendre, ne doutez pas de vous ! Aimez-vous !

Message d'après soin

Durant ce soin, vous avez peut-être eu la volonté de soigner la Terre et de la soulager de toutes les énergies qu'elle n'a pu encore transmuter à cause de l'ignorance de l'humain en sa nature profonde d'être interdimensionnel au potentiel illimité, ou illusoirement limité par sa compréhension des choses sur le seul plan qu'il s'autorise bien souvent encore à voir et à croire.

Mais n'oublions pas que tout part toujours de l'intérieur pour rayonner sur ce qui entoure une lumière qui illumine, qui irradie, qui brille comme un soleil.

Le soleil n'attend rien pour briller, le soleil aide le monde sans jamais s'en préoccuper. Le soleil est ce qu'il EST et brille sur toute la planète par son rayonnement intérieur si immense qu'il illumine des milliards d'humains, d'animaux, de végétaux et de minéraux chaque jour sur son passage.

Le soleil n'a que faire de l'humain engagé dans un chemin sinueux sans eau. Il lui livre sa lumière qui le réchauffe, fait germer les graines qui le nourriront, fait s'illuminer les paysages qu'il parcourra, éclaire sans attendre tout ce qu'il voit.

Ce soleil est aussi en l'être humain. Nous l'activons en nous pour rayonner, en attraction naturelle avec tous les soleils de la Création. Ainsi, l'intention de briller doit rester l'unique priorité de toutes nos actions, demeurer le centre de notre centre et nous ramener à l'intérieur de nous-mêmes, là où il pourra grandir et inonder de lumière tout ce qui nous entoure et tout ce qu'il touche grâce à ses rayons.

L'humain conscient, quand il se réveille, garde dans les premières étapes de son éveil, et parfois toute sa vie incarnée, l'importance illusoire de créer à l'extérieur de lui pour tenter de libérer, de faire grandir et de dévoiler son intérieur. C'est très louable mais il doit avant tout incarner sa propre locomotive pour que l'équilibre s'établisse durablement sur sa sphère. **Aucun humain ne doit se substituer à un autre humain.** Chaque maillon de la chaîne est important dans l'élévation des consciences et l'établissement de la conscience sur Terre. Plus nous serons nombreux au service de notre lumière intérieure, plus notre lumière réchauffera les consciences endormies.

La peur de la transition par la mort crée les sentiments d'injustice, d'abandon, de fatalité quand la réalité de votre être est qu'elle demeure éternelle. Cette ignorance provoque très souvent des sentiments si lourds que l'âme en transit a encore bien souvent du mal à trouver son chemin, à se libérer de sa souffrance, de son sentiment d'injustice, de tout ce qu'elle pense avoir perdu. Ceci l'emmène dans les méandres de ses propres perceptions alourdies par ses émotions qui l'enferment dans un plan illusoire où elle cherche désespérément à revenir ou à être aidée.

Et pourtant, toute lumière qui s'autorise à lâcher tout ce qui la retient de vivre, dans sa forme physique ou désincarnée, trouvera son chemin sans avoir besoin de le chercher ou d'attendre une aide extérieure.

À Bali, la mort, le passage des défunts, est une célébration dans la joie et l'harmonie pendant laquelle l'être est honoré dans son changement de forme. On y porte gratitude à la vie pour son transit et on souhaite au défunt une prochaine vie riche et épanouie par la bénédiction du cœur. C'est une synergie de personnes heureuses en leur centre et conscientes de la mort-passage et non dans l'ignorance de la mort perçue comme une unique fin. Leur Terre est plus soulagée des énergies résiduelles, des défunts en mal-être, des lourds sentiments de perte de ses habitants. La croyance en leur centre leur confère une sérénité qui apaise leur souffrance apparente.

Chacun doit devenir son propre maître, rayonner en son centre, demeurer dans sa justesse émotionnelle, mentale et physique pour être la torche, ce feu qui ouvre le chemin.

Dans ce soin, cet accompagnement à l'ouverture des portes, portails et vortex, c'est de vous que vous vous êtes occupé. Ouvrir ce pouvoir qui est en vous, ces portes sur une infinité de plans que VOUS ÊTES, ces portes que vous ouvrez À L'INTÉRIEUR de VOUS et qui ouvrent en de multiples lieux sur de multiples plans. Quand vous vous réalisez un peu plus, vous amenez d'autres lumières à se réaliser.

Toutes nos réalisations nous réalisent, nous poussent à nous réaliser toujours plus et portent l'autre à se réaliser.

Ces ouvertures que vous avez accomplies sont les miroirs d'ouverture réalisées en vous-m'aime, par amour-conscience. Chaque ouverture vous permet des libérations en chacun des plans qui vous composent : les plans physique, émotionnel, mental et spirituel.

Si des émotions, des sensations physiques, des idées vous ont envahi comme une brise pour vous porter conseil, c'est grâce aux ouvertures que vous vous êtes permis de réaliser en VOUS et qui ont autorisé vos portes intérieures à s'ouvrir encore davantage.

2e étape

C'est la purification et l'augmentation de la vibration du lieu d'habitation, en synergie avec votre vibration propre.

Cette étape est une véritable bénédiction pour vivre au mieux dans un lieu en harmonie avec notre rayonnement. Celle-ci est vouée à profiter de l'accélération des particules pour transcender nos maisons dans un courant porteur et paisible. Il aura comme effet une libération des actions et projets créateurs.

Rappel

Il est absolument nécessaire de ne rien mentaliser. En d'autres termes, plus vous vous libérerez de toute attente et conceptualisation mentale, plus vous libérerez l'énergie supérieure de vos corps subtils. Cette énergie de très grande vibration est actuellement multipliée par les grandes fréquences des Célestes mais aussi des peuples de l'Intra-Terre qui nous aident à harmoniser le champ de fréquence de la surface.

La Terre en son centre, l'Agartha, connaît plusieurs cités, toutes sur des plans supérieurs de vibrations. Du centre jusqu'à la surface, la plus vibrante partant du soleil central. La différence de fréquence est encore très importante en notre surface. Mais l'accélération du temps due à la montée des énergies de transition nous permet aujourd'hui d'incarner ces piliers rayonnants !

Il s'agit dans ce soin de ré-harmoniser cette différence afin de s'approcher davantage de la fréquence intérieure et de la fréquence céleste.

Certains d'entre vous sont des piliers cosmiques, d'autres telluriques, tous sont des liens lumineux entre les plans. Pour ce soin, certains seront amenés à aller dans les profondeurs de l'Agartha par de magnifiques cheminées telluriques, transformant leurs habitations mais aussi plusieurs points magnétiques de la planète en une magnifique force de vie.

D'autres seront conviés à se rendre sur d'autres sphères afin de connecter leurs codes supérieurs et d'en inonder la Terre pour que chaque élément puisse l'imprégner en son centre. De même pour tout ce qui y vit.

Toutes vos réalisations ont un impact direct sur vos lieux de vie. Plus vous rayonnez, plus vous inondez les matériaux amalgamés et les énergies des plans astraux de lumière intense.

Toutes ces réalisations se feront en conscience par l'humain, juste en lui, qui considère les images de l'air (image *in air*) comme la réalité des plans subtils et comme moins tangible le plan qu'il prend pour réel.

Votre Vrai Vous n'est pas amalgamé en un corps de chair. Celui-ci nous a été prêté par l'énergie de notre mère et c'est ICI que la réalité n'est qu'une image projetée sur votre outil oculaire. Alors libérez-vous de vos propres jugements, permettez-vous d'entrer dans ce JE d'ENFANT.

Conseil

Pour ce soin, le conseil unique est de veiller à libérer le mental de toute réflexion, aussi longtemps que vous le pourrez, en maintenant une vigilance de Paix intérieure, évacuant les pensées de contrôle, maîtrises et questionnements mentaux (faire, interpréter, comprendre, connaître). Car seuls les savoirs et la connaissance supérieure sont utiles à l'élévation. Et eux, ils ne viennent pas par les pensées inférieures.

Plus vous arriverez à maîtriser ce flux de votre mental inférieur, plus il sera aisé de vous libérer instantanément et de vous rapprocher naturellement du flux supérieur libérant l'inspiration, d'avoir « l'esprit ailleurs ».

Très simplement : lâchez-vous la Grappe et incarnez le vide !

En pratique

Pour pouvez trouver sur internet un modèle de planche du spectre des couleurs à imprimer.

Afin de vous libérer le plus possible de la mentalisation, permettez-vous de suivre l'évolution de la montée vibratoire de votre lieu d'habitation (ou ceux de vos choix) en étant un simple spectateur des couleurs rendues. N'essayez pas de comprendre sur un niveau inférieur, permettez-vous d'entendre ce que cela résonne en vous, au-delà du jugement ou d'une compréhension trop matérielle.

Les longueurs d'ondes peuvent varier d'intensité durant le soin.

Pour avoir la confirmation du soutien de votre équipe

Constatez la longueur d'onde d'une pièce en demandant à être seul.
Puis demandez de nouveau à être accompagné de toute votre équipe lumineuse et constatez ce doux réchauffement au cœur que cela apporte en tous nos corps.

Pour suivre l'évolution vibratoire de vos lieux d'habitations et la vôtre

- Déposez un pendule (ou un poids relié à un fil) dans le petit cercle du milieu puis levez-le délicatement.
- Vous pouvez initier légèrement le mouvement qui prendra sa direction tout seul sur la planche. Il choisira la lumière, le couloir d'une couleur.
- Videz-vous la tête de vos pensées ou n'y prêtez pas trop d'importance. Vous pouvez demander à votre équipe d'établir les bonnes conditions énergétiques pour une meilleure fluidité, juste par intention.

Procurez-vous, sur internet, un spectre de lumière blanche qui va du violet (petites longueurs d'ondes) au rouge (grandes longueurs d'ondes), en passant par le bleu, le cyan, le vert et le jaune.

Plus la longueur d'onde est petite, plus la vibration est élevée. Plus la longueur d'onde est grande, plus elle est lente.

La Terre étant en période de transition, les unités Bovis, qui permettent de mesurer un taux vibratoire, sont en constante évolution et ne peuvent plus constituer une norme. Les couleurs sont de formidables indicateurs de la variation des ondes.

- Vous pouvez questionner sur l'habitat en entier et vous-même.
- Vous pouvez également suivre la montée par pièce, par quartier si vous en avez envie, villes, pays… Il n'existe aucune limite.

- Vous pouvez enfin la suivre sur chacun de vos corps : physique, éthérique et spirituel. Le corps physique ayant une vibration plus lente et les corps spirituels plus élevée.
- Grâce à cette planche, vous pouvez par ailleurs questionner votre Moi supérieur pour vous indiquer la couleur d'un chakra ou pour toute autre question personnelle.
- Veillez à votre état émotionnel avant de poser vos questions pour ne pas répercuter une émotion lourde, une basse vibration sur le résultat. Une courte méditation juste avant vous placera dans de meilleures conditions.

L'évolution peut se dérouler en dents de scie, relative aux énergies alternatives qui s'équilibrent en ce moment. Plus le taux vibratoire planétaire augmente, plus les énergies complémentaires sont importantes. Les hauts et les bas sont de plus en plus abyssaux.

Cette planche est un outil de prise de conscience mais ne doit pas se substituer aux ressentis intérieurs ni être porteuse de doutes.

Soyez certain que toutes les lumières profitent en profondeur de la montée vibratoire.

Cette deuxième partie de soin est un tremplin pour aider les lumières dans leur intégration en leur centre.

Message d'après soin

Pour commencer à construire une maison, nous commençons par les fondations. Nos fondations peuvent être chamboulées, rendant parfois difficile notre capacité à nous libérer de nos auto- pollutions pour rester dans un alignement permanent et évacuer en même temps tout ce qui remonte à la surface.

Bêcher la terre est le travail le plus fatigant mais il est essentiel pour planter les graines.

Durant ce soin, vous avez peut-être vécu des nouveautés libératrices, perçu un peu plus votre potentiel lumineux, votre légèreté intérieure. Ou alors vous avez eu besoin d'attirer à vous des sensations moins agréables, des situations difficiles pour aller un peu plus dans la profondeur de ce que vous avez à libérer pour vous pardonner, stopper votre propre jugement et enfin réussir à vous sentir entiers en vous.

Nos demeures et toutes les demeures de la Terre ne doivent pas être des sources de stress, de préoccupations mentales ou de petites angoisses journalières. C'est à nous, en nos centres, de les considérer comme des temples de plénitude, où le partage et le respect sont des priorités, où le bonheur est perçu à l'énergie qui l'inonde, qui épouse ses murs et ses meubles au-delà de leurs apparences. C'est ainsi aussi qu'il nous faut accepter nos propres demeures charnelles, notre reflet dans le miroir, simple représentation de ce que nous laissons percevoir de nous-mêmes. Et c'est la même chose pour notre demeure émotionnelle !

Notre divinité

La plus rayonnante des demeures est notre divinité.
Jamais elle ne cesse de nous éclairer, de nous protéger de nous-mêmes,
De nous accueillir en chaque blessure, de répondre à chacune de nos demandes,
De nous amener là où nous saurons apprendre, là où nous saurons comprendre,
Mais avant tout, là où nous saurons être Libres d'être nous,
Libres d'être elle,
Car nous sommes notre divinité et notre divinité est ce que nous sommes.
Notre demeure éternelle est sage et bienveillante.
Elle sait rester discrète quand nous choisissons de nous déplaire.
Elle sait rester loyale quand nous choisissons de nous respecter.
Elle sait rayonner l'amour quand nous nous confions à elle.
Elle respecte tout ce que nous sommes, tout ce que nous choisissons d'être car elle est nous.

Grâce à la planche du spectre des couleurs, vous avez pu vous amuser à regarder physiquement les changements vibratoires, les variations des longueurs d'ondes, la corrélation avec la vôtre... ou tout ce que vous aviez envie d'essayer.

Les couleurs doivent avant tout vous témoigner de leur magnificence. Car si elles ne vibrent pas toutes de la même manière, les Maîtres des 7 rayons pourront vous souffler leur rôle, leur attraction avec vous, leurs codes intemporels et universels.

Les couleurs n'attendent pas de réfléchir, elles sont telles qu'elles sont. Toutes magnifiques et uniques. Elles sont la manifestation du Tout, exactement comme vous, issues de la première lumière, elles rayonnent sur Terre. Elles n'ont pas besoin de savoir pour être, pas besoin de corps pour s'identifier, de nom pour s'appeler. Elles sont un rayon pur et varient entre elles en s'harmonisant au son de l'univers.

Ces couleurs sont toutes dans notre maison intérieure.

LIBÉRATION DES COMPLEXES ET DES BARRIÈRES

Préparation à ce soin spécifique

Qu'est-ce qu'un mantra ?

Un mantra est un mot ou un ensemble de mots portant une vibration spécifique. Il a pour but d'amener l'être qui le récite à libérer en lui un état de conscience plus vaste.

Généralement, les mantras sont utilisés en méditation dans leur forme d'origine en langue sanskrite (ou en tibétain), mais nous pouvons également les prononcer dans notre propre langue.

Les mantras ont pour but de nous libérer des impuretés et d'éclairer les zones d'ombre de notre être.

Ils peuvent constituer une aide précieuse pour libérer les nuages de nos pensées et pouvoir entendre plus facilement l'esprit, la parole silencieuse de notre moi-profond.

C'est ainsi que *mantra* en sanskrit provient de *Man*, « l'esprit » et *tra*, « libérer ».

Le mantra a deux fonctions principales :

- Il vient comme soutien pour nous aider à nous libérer de nos pensées et atteindre la voie profonde de l'esprit.

- Sa vibration propre agit directement avec l'ensemble de nos corps. Attention, je vous rappelle néanmoins qu'il n'existe pas de recette miracle extérieure pour entendre merveilleusement bien son Soi profond ! Si le travail avec les mantras peut s'avérer une aide précieuse, et en particulier les jours de plus forts tumultes intérieurs, il ne remplacera jamais le plus grand, le plus absolu et le plus sacré des mantras universels : le silence intérieur. Il est une aide pour pouvoir cheminer vers lui. Lui étant la parole ultime de notre corps le plus élevé.

Comment utiliser les mantras ?

Le mantra peut être chanté, dansé, pensé de manière répétitive et sur un rythme.

Ne vous souciez en aucun cas de la meilleure manière de le réciter. La meilleure et la plus simple des manières sera toujours celle avec laquelle vous vous sentez le plus à l'aise, ou simplement celle mise en lumière par votre en-vie.

Une petite précision cependant

Le mantra prononcé par des sons physiques (à voix haute) active une vibration plus proche de ce plan qui s'accordera alors avec vos 1er, 2e et 3e chakras.
Celui prononcé intérieurement activera une vibration plus subtile, plus élevée, s'accordant davantage avec vos autres chakras.

Vous pouvez trouver sur internet une multitude de mantras sous toutes leurs formes.

Ici, je me contenterai de vous donner les principaux car mon but est de vous inviter à demander directement à vos équipes lumineuses de vous citer les mantras en parfaite synergie avec vous.

1er chakra : LAM
2e chakra : VAM
3e chakra : RAM
4e chakra : YAM
5e chakra : HAM
6e chakra : OM
7e chakra : N (prononcé de manière nasale)

C'est là que commence le JE !

Vos mantras

Ici, je vous invite à écouter votre équipe lumineuse dans le but de trouver votre mantra, mais dans un langage qui vous est COMPLÈTEMENT un-connu.

Je vous propose ICI ET MAINTENANT de VOYAGER À TRAVERS LA LECTURE DU CONTENU SUIVANT.

Il s'agit ici du même principe que de voyager à travers un livre qui stimule notre intérêt et qui nous projette dans notre imaginaire, comme si nous n'étions plus en train de le lire mais en train de le vivre.

Lecture

- Prenez le temps de faire une pause entre chaque saut de ligne avant de passer à la suivante.
- Vous allez vous projeter, vous imaginer dans un lieu calme, paisible et serein. Cela peut être une forêt de grands arbres, le sommet d'une montagne, sur le flanc d'une roche au bord de l'océan... Imaginez- vous dans un endroit où vous avez énormément d'espace.
- Dans ce calme, imaginez-vous vous-même avoir la sensation d'entendre une musique dont la source provient de nulle part et partout à la fois. Il n'est pas important de chercher à percevoir la mélodie comme vous pourriez la percevoir de manière physique. Goûtez simplement à la sensation, à l'intention de percevoir cette musique en l'imaginant résonner dans ce lieu et à l'intérieur de vous. Par cette intention, vous êtes inclus dans un mantra plus vibrant qu'un mantra physique, dessiné par des lettres constituant des mots.
- Imaginez cette musique de manière visible. Pour cela, donnez-lui la brillance d'une lumière blanche et infiniment lumineuse. Voyez cette lumière embrasser les éléments de votre paysage et s'harmoniser avec chacun des atomes qui le composent. Cette lumière, vous pouvez la percevoir en vous. Imaginez-la en vous.
- Imaginez maintenant que vous êtes en réalité entièrement constitué de cette lumière. Vous êtes cette symphonie universelle et cette symphonie est vous. **Vous êtes vous-même ce mantra. Car vous êtes l'affirmation de l'Esprit. Vous êtes sa manifestation**.

- Prenez le temps de vous voir si lumineux. Prenez le temps de remercier en vous cette lumière qui vous compose dans la moindre de vos cellules.
- Revenez à vous petit à petit.
- Dans cet état transitoire, prononcez trois syllabes en vous. Prononcez-les intérieurement comme elles vous viennent.
- Vous venez présentement de recevoir, de vous faire un CADEAU. Ce présent est dédié au présent et ces trois syllabes vous sont données par votre Vous profond ou l'aide de vos guides pour vous aider à vous libérer de vos propres barrières (« Barre-hier ») en cette incarnation.

Message des guides

« Dès lors que tu sentiras la brume des émotions et le brouillard de tes pensées cacher la parole profonde de ton esprit, prononce ces trois syllabes. Elles te sont données aujourd'hui comme une vibration résonnant en harmonie avec l'ensemble de tes corps. Pour que cette harmonie s'installe les jours où tu te sens divisé. Lorsque tu en auras l'idée, il sera temps de les réciter de la manière dont le souhait viendra à toi.

Quand l'idée se dissipera, tu auras intégré cette vibration et tu pourras de la même manière nous en demander une nouvelle, que nous t'offrirons avec joie. »

Pour aller plus loin
(et pour ceux qui se lâchent la grappe)

Vous êtes invités à accueillir dans ce paysage ou un autre un hôte qui se présentera à vous et qui vous donnera et vous inclura dans une vibration sous une forme chantée dans une langue inconnue de votre mental, mais reconnue par votre être profond.

Message d'après soin

Les syllabes, si elles ont été obtenues, sont les trois sons de vibrations sur mesure pour vous au moment même où vous les avez reçues. Dans les prochains jours ou même bien plus tard, l'idée de les prononcer en vous pourra vous être soufflée par votre Moi profond ou votre équipe afin de vous aider à vous ré-harmoniser par ces mêmes fréquences. Mais ces syllabes sont vouées elles aussi à l'évolution, reflétant notre propre cheminement, nos propres transformations intérieures vers plus de transparence avec notre être véritable. **Seul le changement est permanent. Il n'y a rien de douloureux dans celui-ci à part nos propres résistances à ces pas-sages.**

Ces exercices sont des marches intérieures à la libération de nos mentaux pour atteindre une plus grande clarté dans la réception de l'esprit. Nos équipes ont énormément de conseils à nous donner pour nous initier à plus d'intimité, à toujours plus de profondeur pour aller toucher en nous cet être illimité que nous sommes.

Chaque son est une vibration et chaque vibration peut en compléter une autre. Chaque son est une vibration qui compose la grande symphonie universelle. **Toutes les vibrations se complètent et s'harmonisent naturellement en elles pour former une suite de notes qui devient une symphonie divine.** Cette symphonie, vous pouvez l'écouter aussi en vous-m'aime. Car votre corps compose une vibration qui s'harmonise avec l'autre.

Écouter cette musique en soi comme ce soin nous amène à le faire, c'est écouter la perfection de son être. C'est comprendre que les dissonances n'ont d'existence que dans la vibration de nos pensées et de notre manque de transparence en nous-m'aime.

Aucune barrière ne peut retenir notre être véritable dans tout son potentiel inaliénable uniquement parce qu'une barrière est un son produit qui n'a de dissonance que sur le plan étriqué de notre propre écoute. C'est comme d'écouter les bruits les uns séparés des autres en nous au lieu d'écouter l'entière symphonie de notre âme. Cette musique est à l'intérieur de nous, en résonnance avec tout l'extérieur comme écho.

S'observer soi-même, dans ses comportements, ses réactions et ses agissements, c'est prendre assez de hauteur pour se permettre d'entendre cette musique. C'est comprendre quelle crainte nous pousse à croire que nous sommes incapables, quelle pensée nous pousse à ériger des barrières comme des raisons, quelles définitions de nous-mêmes nous poussent à ne plus voir l'être fini et parfait que nous sommes.

Nous sommes tous un mantra, une note de la grande symphonie universelle qui sonne juste.

Cultiver ces hautes pensées de nous-mêmes, c'est rendre à notre note d'origine sa transparence sans plus la contraindre aux sons discordants de nos propres pensées limitatives.

Cultivons les hauteurs de l'esprit plus que nos jugements mentaux sur nous-mêmes ! Les fruits de nos expériences passées sont évolutifs. Ce que nous retenons de lourd des points présents passés ne doit pas appartenir à ce point présent du temps. Car ainsi nous influençons quotidiennement chaque point du temps avec la même rengaine.

Prenons conscience que chaque uns-tant est un nouveau soi. Le seul, l'unique, l'enfant du Tout.

SOIN DE RECONNEXION « GAI-RI-SON » ET MAÎTRISE DES ONDES

Préparation à ce soin spécifique

Nous aimons disséquer les choses pour les comprendre. Nous disséquons tout d'abord la grande science universelle en plusieurs sections et, dans ces mêmes sections, nous disséquons tout ce que nous étudions pour tenter d'en comprendre le mécanisme, le fonctionnement au sein de notre matière, de notre sphère ou de notre univers.

C'est ce qui est à mon sens un réflexe absolument normal d'un apprentis-sage de la vie – tout comme un nouveau-né qui touche, et porte à la bouche – et bien souvent observe et tente de comprendre l'élément en détachant tout ce qui pourrait le composer.

Nous sommes nous-mêmes une partie détachée visuellement d'un tout, mais à mesure de dévoiler notre propre unité. Nous cheminons vers cette unité intérieure qui reflète en réalité notre appartenance inaliénable à tout ce qui nous entoure.

Quand je constate encore bien souvent autour de moi le nombre de personnes pensant qu'elles ont

« attrapé un rhume », « chopé la gastro », qu'elles n'ont « pas eu de chance sur ce coup » ou le contraire, ma première observation est de constater à quel point **la perception peut nous donner l'illusion d'être des victimes plus que des acteurs/récepteurs.**

S'il y a bien une différence fondamentale entre l'élève conscient de la vie et celui qui cherche encore à la comprendre, c'est qu'à AUCUN moment nous sommes une particule séparée du reste de l'Univers. **Et cela nous confère absolument toute la responsabilité de tout ce que nous émanons au présent, englobant toutes choses qui peuvent nous toucher de près ou de loin.**

Autrement dit, si je pense avoir attrapé un rhume par un virus qui traîne avec pour simple explication mentale que « c'est la saison » ou encore parce que « je ne me suis pas assez couvert en sortant », je suis dans l'inconscience intérieure d'être le CONTRACTEUR de ce virus, d'avoir ÉMANÉ cette attirance et de l'avoir DEVELOPPÉE dans mes corps énergétiques puis amalgamée jusque dans les cellules de mon corps physique.

Autrement dit, Je suis moi-même à l'image de l'Univers : un générateur, un créateur, un moteur d'ondes et de particules. **Je suis une fréquence en transition permanente qui attire à elle, par ordre parfait et mathématique, sa combinaison d'ondes par réverbération.**

Je suis une formule de mathématiques évolutive, en mouvement permanent. Si la science aime donner des propriétés aux ondes, ici je voudrais qu'on les perçoive de la manière la plus simple possible.

Au sujet des ondes

Une onde est un code, ni bon, ni mauvais. Elle est simplement une émanation très précise du Tout. Un peu comme un flocon de neige, elle est parfaite dans sa création, elle a ses propriétés inaliénables et infinies, à l'image de ses créateurs Père et Mère.
Nous pouvons, à notre niveau, prendre conscience des ondes quotidiennes que nous émanons. Et ceci afin de nous voir tels que nous sommes et non plus comme des particules séparées qui trouvent toute excuse à leurs maux à l'extérieur de nous.
Nos émotions, nos pensées, nos gestes et nos actes sont tout autant de créateurs et d'émetteurs d'ondes (et bien sûr des récepteurs).
Ainsi, je ne peux reprocher à l'Univers du négatif si moi-même j'ai été son générateur, ne serait-ce que par la pensée. Cette onde est de ma responsabilité. Si j'ai utilisé ma fréquence pour émettre des pensées de contradiction, il en est de MA responsabilité.
Et MA responsabilité est à l'échelle du plus petit au plus grand dans leur infini. Car si je suis une formule mathématique spécifique, je suis inhérente à la Grande formule mathématique universelle.
Comme la goutte d'eau qui fait partie intégrante de l'océan.

Ici, il n'est pas question de s'embrouiller avec des données plus poussées. Le but est de prendre conscience de la mécanique de notre locomotive.

Étant donné que nous sommes un assemblage de particules, nous sommes un assemblage énergétique d'ondes et de fréquences qui nous confèrent une fréquence unique à variabilité permanente. Pour faire simple, nous sommes un peu comme une image transposée sur un vieil écran télé, formée par ondes électromagnétiques, ou encore un appel téléphonique !

Nous sommes un courant, nous ne se sommes pas un circuit fermé.

Nous avons donc nous aussi des polarités et même une fâcheuse tendance à les confronter à bien des niveaux de nos fréquences, que ce soit juste dans l'assemblage de nos pensées, par exemple !

Vous vous reconnaissez ? Si vous lisez ce soin, c'est que vous avez cette grande envie de marier vos pôles, d'unir tout ce qui peut vous séparer, de trouver la paix dans toutes vos petites et parfois grandes confrontations intérieures, de vous unir à cette magnifique formule, LA grande formule mathématique universelle dont nous sommes les enfants.

Pour le moment, nous n'avons pas développé une technologie fondamentalement au service de l'humanité, mais bien plus à sa convoitise et son avidité. J'aime ce proverbe mexicain :

> « Ils ont essayé de nous enterrer,
> mais ils ne savaient pas
> que nous étions des graines. »

Ainsi, nous disposons tout de même de l'outil planétaire le plus complet et le plus intelligent qui soit : Nous-mêmes.

Et comme le dit un autre proverbe, « On n'est jamais mieux servi que par "soi-m'aime" ! »

Alors, voici comment nous sommes invités, par un nouvel outil, à **utiliser notre propre fréquence pour nous servir consciemment de celles qui nous aideront à évoluer dans le sens de nos désirs, de notre volonté, de nos guérisons et, d'une manière générale, de notre évolution.**

Recette d'utilisation de vos fréquences pour activer les ondes et lumières de gai-ri-sons

Ingrédients

Vous disposez d'émetteurs naturels à plusieurs niveaux de densité. Du plus dense au plus subtil, vous pouvez vous servir de :

- vos gestes : ils pourront avoir un impact intérieur sur la chaleur de votre corps en fonction de la contraction de vos muscles, un impact extérieur par exemple sur l'air de la pièce. Tout a une répercussion instantanée sur l'ensemble de votre fréquence ! Nous ne devons rien sous-estimer…
- vos pensées : évidemment, des signaux parfaitement invisibles mais bien réels à prendre en considération dans ce que nous émanons !
- votre capacité à visualiser : l'outil créateur par excellence.

Repérer les ondes pour les utiliser

Vous disposez des meilleures lunettes de repérage d'ondes de tout l'Univers. Mais pour s'en servir, il va vous falloir les considérer à leur juste valeur, une valeur inestimable : « l'image *in air* », cet œil intérieur que nous aimons appeler « œil unique » et mystifié, mais dont, lorsqu'il faut enfin s'en servir, l'humain pense « mouais ».

Pourtant, il est tellement amusant de penser un monde sans imagination. Essayons un peu pour voir.

Rien de ce qui nous entoure n'aurait jamais été créé. Absolument rien du tout. Tout provient d'une idée, personne n'a inventé quelque chose sans en recevoir l'un-formation absolument parfaite mais totalement un-visible !

Alors si vous pensez que ce que vous imaginez sort de vous, vous oubliez que vous êtes cette formule mathématique qui n'est en rien séparée de la grande formule d'origine, que ces images que vous faites tourner en vous, vous les empruntez au tout !

Pour percevoir et nous servir de ces ondes

Nous allons les imaginer à l'endroit où nous nous trouvons.

Pour cela, décidez au départ de votre position : assise ou allongée confortablement au milieu d'une pièce.

Je vous déconseille juste une pièce avec des miroirs car les miroirs ont tendance à dédoubler les ondes. D'ailleurs dormir avec une pièce remplie de miroirs n'est pas toujours reposant !

Vous n'allez pas travailler seul puisque vous serez évidemment très bien accompagnés par vos équipes.

Ce n'est pas la peine de les contacter, vous êtes toujours reliés à eux ! c'est bien moins compliqué que d'appeler un ami.

C'est naturel, sur mesure et instantané ! Restez simplement calme avec vous-m'aime.

Commencez à imaginer les ondes qui vous entourent.

Imaginer les ondes.

Parce que nous sommes encore en apprentissage, mes guides m'ont donné cette technique absolument simplissime pour différencier les ondes selon leur fréquence vibratoire : leur couleur.

Vous pouvez très facilement prendre conscience de leur taux vibratoire en les imaginant en couleur. Pour cela, vous avez simplement besoin de vous remémorer le spectre des couleurs *(voir p. 66)* :

- Prenez simplement conscience que chaque couleur vous indique une vibration plus ou moins dense.
- Partez de la plus dense à la plus subtile, c'est-à-dire du rouge au violet. Vous pouvez faire le rapprochement avec vos propres centres d'énergie.
- Évitez d'imaginer les ondes perturbatrices (les orgonites[1] sont de merveilleux outils pour cela).
- Focalisez sur celles que vous souhaitez. Sachez que vous n'avez aucune limite.

---

1. Une orgonite est un objet en résine créé à partir de minéraux et de métaux aux vertus multiples en fonction de sa composition.

Par exemple

Vous pouvez décider d'y aller couleur par couleur, par exemple avoir l'IDÉE de ne voir que les ondes vertes.

Visualiser les ondes pour les utiliser

Là non plus, il n'existe aucune limite.

- Vous pouvez visualiser ces ondes vertes et soudain les faire converger vers le chakra de votre choix.
- Vous pouvez aussi les réunir entre elles pour qu'elles créent une synergie différente et s'harmonisent d'une autre manière ; ou les déplacer dans la pièce en écoutant vos aspirations pour que la pièce change complètement d'ambiance ! Ne craignez pas de créer des contre-courants ou des perturbations.
- Gardez votre intention dans un but positif d'harmonisation. L'intention est véritablement un code que nous ajoutons à nos créations. Veillez à ce qu'elle soit pure, nette et détachée de toute pensée. N'y réfléchissez pas, elle est naturellement parfaitement composée. Elle n'oscille que lorsque l'on tente d'en faire toute une montagne !

Aide à la réalisation

Je suis le peintre inspiré de toutes les ondes que je vais m'autoriser à voir à l'intérieur de moi, et à superposer avec mon extérieur. Il n'y a plus

de frontières entre les deux. Je suis consciemment une fréquence qui est en train, à ce moment même, de me transformer en émettant, combinant, attirant, déplaçant d'autres fréquences par ma visualisation, par mes pensées et même par mes gestes.

Je peux étendre mes créations à tout espace, toute échelle.

En dedans ou en dehors de moi, **tout est unité sans séparation.**

Je peux être en cet instant cette particule qui vibre à l'uni-son. Je peux aider, m'aider. Je peux propager, combiner, assembler, remanier, marier...

Je suis l'outil subtil qui travaille avec l'un-visible, ce même un-visible qui sera amalgamé en densité demain.

Prenez le temps de vous laisser inspirer. Ne comptez pas dans cet espace-temps. Considérez-le comme une nouvelle plate-forme de jeu qui vous gai-rit, vous enseigne, vous transmet, vous délivre, vous libère, vous dévoile, vous fait grandir...

Observer

OBS-AIR-VER

Vous pouvez aussi vous positionner en un élève sage et observateur qui va simplement prendre le temps d'assister au travail de votre équipe.

Restez là, à observer les mouvements, les différentes couleurs et placez votre intention là où vous en ressentez l'envie.

Si, par exemple, vous avez envie de placer votre intention au niveau de votre chakra du plexus solaire, c'est une invitation de vos guérisseurs et équipes lumineuses à appliquer cette idée.

Les ondes se forment, se marient aux nôtres, créent des formes, des symboles... Toute lumière a sa fréquence et chaque fréquence possède sa manière d'agir, de s'exprimer et de se manifester.

Chaque intervenant a une manière bien à lui de rayonner. C'est d'ailleurs à cela que l'on reconnaît sa présence.

Vous pouvez être ce récepteur, cet apprenti-sage en adoptant la place de l'élève. Puis vous pouvez ensuite vous en inspirer pour tenter vous aussi de créer.

Nous sommes véritablement à l'aube d'un monde où nous attendons que l'humanité transpose ses idées. Il est tellement important de nous débrider, de nous autoriser à créer et à donner à notre planète les fruits de nos réceptions et de nos réalisations.

Nous brider ralentit considérablement tout mouvement d'implication. Il est temps, dans tous les aspects de nos vies, de mettre nos idées et nos en-vies en priorité dans nos projets, dans notre seconde, dans notre instantané.

Nous sommes tous les façonneurs du nouveau, les charpentiers de notre liberté et de notre évolution. Apprenons à nous faire confiance plus qu'à nous juger nous-m'aime.

Voyons à quel point nous sommes des générateurs inconditionnels et illimités, à l'image de la Création universelle sans contour et sans limites.

Tout germe et germera en nous si nous prenons soin de considérer la graine que nous sommes.

Cet exercice permet de :

- comprendre et prendre conscience des ondes qui nous entourent ;
- prendre conscience de sa propre vibration en se plaçant en réception, en expérimentant les sensations ressenties après avoir fait converger ces ondes par notre capacité à les visualiser et ainsi à les déplacer ;
- prendre conscience de la subtilité, la légèreté du déplacement de ces ondes en perpétuel mouvement ;
- réfléchir et conscientiser les choses vivantes et amalgamées ainsi que toute onde émise de nous-même quotidiennement pour être un générateur impliqué dans sa vie, créateur et acteur de son cheminement.

En développant cet outil, vous pourrez aussi reconnaître plus aisément la vibration de lieux, de personnes et d'objets, et saurez davantage vous entourer de ces informations d'un courant porteur que de perturbations.

Pour ceux qui aiment « voir les preuves »

Il est aisé de constater un changement de vibration à la suite de vos réalisations (changement de vibration d'une pièce, d'un être vivant ou même d'un objet) en utilisant simplement une planche d'unités Bovis à l'aide d'un pendule (ou de quelque chose qui en fait office). Reliez-vous simplement à ce que vous souhaitez mesurer et vous devenez naturellement le récepteur de l'un-formation exprimée par votre simple intention.

Dans l'avenir

L'humanité est vouée à développer des technologies nouvelles, utilisant l'énergie libre et la connaissance approfondie des ondes et des fréquences.

S'il est encore question de soigner actuellement par « mécanique » en administrant des composés chimiques et en réparant les parties « endommagées » du corps, l'émergence des savoirs et des connaissances des ondes pourrait totalement revisiter notre système de santé.

Cette émergence pourrait lier très concrètement tout le travail des guérisseurs énergétiques à la science, unissant ces deux grands principes pour créer une technologie de soins prenant en compte non plus les symptômes liés uniquement à notre corps de chair mais à TOUTE NOTRE VIBRATION, corps par corps.

En cela, cet outil fait partie des prémices de tout le développement de la médecine de demain : la médecine par fréquences.

L'OUTIL VÉNUSIEN, POUR LA GUÉRISON ET L'HARMONISATION

Nous sommes tous influencés par Vénus

Chaque planète, en fonction de sa position, infuse en nous un aspect du Tout.

Nous pouvons être plus familiers avec certaines planètes mais cela ne signifie pas pour autant que nous en sommes originaires. Nous pouvons porter en nous ces énergies pour avoir éventuellement fait un séjour là-bas dans d'autres incarnations. Nous pouvons aussi avoir collaboré avec des Vénusiens et nous sommes par conséquent entourés de ces énergies.

Vous êtes en permanence baignés dans différentes énergies et l'une d'entre elles peut, à un moment donné, être très présente dans votre vie. Il n'y a cependant aucun intérêt à se prévaloir du fait de savoir communiquer avec des extra-terrestres. Cela relèverait purement et uniquement du mental. L'invitation ici est de ressentir cet aspect. Nous pouvons tous parler à des Vénusiens, des émanations, des célestes qui sont imprégnées totalement de cette énergie d'harmonie et d'équilibre.

Prenez un cercle. Faites des parts de camembert. Ces parts sont des attributs ou des aspects. L'énergie vénusienne représente une petite part de ce camembert, une part du Tout. Si nous les mettons toutes ensemble, cela fait le Tout. Toutes les planètes constituent un grand corps. Tout comme les organes du corps humain qui assurent chacun une fonction spécifique.

Dans la plupart des anciennes religions qui comptent plusieurs déités, comme chez les Grecs, les Celtes, les Égyptiens ou encore les Vikings, il a été fait de ces aspects des dieux personnifiés.

En réalité, il n'y pas plusieurs déités mais différentes représentations des aspects du Tout. Ces aspects se retrouvent dans les influences planétaires. Pour Vénus, c'est l'harmonie, la beauté, l'équilibre. Dans la mythologie romaine, Vénus est considérée comme la déesse de l'amour, de la séduction et de la beauté. Elle est également la déesse grecque Aphrodite. Nous parlons ici d'un même aspect du Tout qui a été personnifié pour en faciliter la compréhension, pour enseigner à l'humain les diverses qualités du Tout qui sommeillent en lui.

Nous retrouvons ces différents aspects dans la pluralité des dieux. Chaque déité peut être assimilée à une planète. À chaque fois, nous parlons d'un aspect de la Source. Ces aspects-là, vous les avez tous, mais ils ne sont pas forcément en équilibre dans leur expression. Certaines personnes, par exemple, n'ont pas suffisamment développé les qualités vénusiennes et c'est ce qu'elles devront réaliser sur leur chemin.

À l'heure actuelle, ce qui est important pour l'homme, le masculin, c'est d'aller développer en lui ces énergies d'harmonie, de douceur et d'équilibre intérieur car il a souvent été maladroitement coupé de ce droit fondamental.

Qu'est-ce que l'outil vénusien ?

Il m'est apparu très clairement que les Vénusiens sont pointus dans un type de médecine subtile rattachée à la beauté, à l'équilibre, à l'harmonie des corps. J'ai alors reçu un outil et, pour en faire l'expérience, **je vous invite à vous détendre et à faire preuve d'imagination.**

On est venu me chercher pour me conduire dans une salle, ni figée, ni définie, un peu comme la « salle sur demande » pour les lecteurs qui connaissent l'univers d'Harry Potter. C'est une salle qui existe en émanation, c'est-à-dire qu'elle est là quand on a besoin d'elle ou que l'on a cette envie-là.

Vous vous retrouvez dans cette salle vénusienne par l'intention et vous pouvez ressentir cette énergie d'équilibre, d'amour, de paix, de beauté. Cette salle est magnifique, immergée dans l'énergie vénusienne. Vous n'êtes pas seul, vous êtes accompagné de Vénusiens qui savent parfaitement se servir de cet outil. Ce sont des médecins et vous êtes leur patient. Vous êtes à cet endroit et c'est très doux.

Tout autour de vous se trouvent des écrans sur lesquels vous allez pouvoir voir des choses. Il peut s'agir de télévisions ou bien de murs blancs où sont projetées des images, comme un film. Quand vous allez les découvrir, votre Être tout entier sera imprégné. C'est comme une énorme salle de projection qui sera destinée à éclairer des choses à l'intérieur de vous.

Cette salle est « intelligente », elle se branche directement sur votre fréquence. Elle peut projeter une scène de votre vie. Cela peut être une scène, une situation, un événement ou quelque chose qui vous a fait mal au cœur, ou encore quelque chose de plus joyeux. Elle va se rejouer plusieurs fois afin de devenir plus claire dans votre tête. Saisissez cette scène qui va tourner en boucle. C'est votre souvenir. Regardez-la bien, laissez-la se dérouler. Car vous êtes maintenant, à l'instant même, le résultat de cette scène.

C'est parce que cette scène s'est passée comme cela dans votre souvenir projeté, ici devant vous, que vous êtes ce que vous êtes maintenant.

Si vous désirez que certaines choses se passent différemment dans ce souvenir, vous pouvez projeter cette intention-là et regarder devant vous la scène se jouer alors comme vous la voulez, comme vous la souhaitez. C'est la même scène mais dans votre idéal.

Par exemple, vous n'avez pas dit quelque chose à quelqu'un ou pas de la manière dont vous auriez aimé le dire, ou parce que vous étiez enfant vous n'aviez pas les mots pour vous exprimer dans une certaine situation. Vous allez projeter votre idéal et vous réparer votre souvenir.

Quand vous vous imprégnez de l'idéal de ce souvenir, imaginez que c'est votre vrai souvenir. Il ne s'agit pas de se mentir ou de voiler la vérité. Cette salle vibre ce souvenir idéal et vous sentez là, maintenant, le résultat de cette scène idéale. Vous le corrigez, vous le modifiez, vous l'ajustez à votre souhait, vous vous en imprégnez. Vous le vibrez.

Je vous invite à vous sentir comme le résultat de ce souvenir idéal. Comment vous sentez-vous maintenant ? **C'est la sensation qui est importante.**

Les Vénusiens sont venus m'expliquer que l'harmonie est toujours intérieure et c'est toujours une sensation qui nous manque. Ainsi, si vous changez votre souvenir et que vous le vivez de la manière dont vous auriez aimé en faire l'expérience dans le passé, la sensation qui paraissait vous manquer aujourd'hui disparaît et est remplacée par une autre. Vous avez lâché quelque chose. Vous faites un véritable rééquilibrage énergétique.

L'idéal que vous avez vu et que vous vivez en ce moment même n'est pas qu'une simple projection à la place de l'ancien souvenir, il existe pour de vrai.

Reprogrammer un souvenir difficile complète les leçons utiles à notre évolution. La somme de ce que nous sommes aujourd'hui n'est pas annulée. Cela vient la compléter puisque nous avons toujours en mémoire l'autre souvenir. Le souvenir idéal que nous avons projeté n'a pas remplacé l'autre, ils existent tous les deux. Nous en avons les deux aspects à l'intérieur de nous. C'est le sentiment qui vient équilibrer une information manquante.

Quand nous arrêtons de chercher et que nous vivons vraiment une réalité connectée, que tout ceci est intégré dans nos consciences comme un fait – celui d'être complètement interconnectés et tous soutenus – il n'est plus étrange de réaliser ce type d'expérience.

Personnellement, je me sens liée à cette énergie vénusienne. Nous avons tous nos affinités énergétiques particulières.

Nous sommes tous des êtres multidimensionnels

Notre réalité présente n'est qu'une infime partie de toutes les réalités existantes.

Par exemple, dans ma réalité maintenant, je choisis de boire une gorgée de ce verre d'eau. Ce choix va non seulement agir sur mes cellules mais prendre sa place, créer quelque chose. Boire le verre d'eau est un souvenir maintenant. J'aurais pu boire deux verres d'eau ou finir le verre, danser autour du verre d'eau... Toutes ces potentialités sont des choix que j'aurais pu faire, mais dans ma réalité, j'ai choisi de prendre un verre d'eau et d'en boire une seule gorgée. Cela ne signifie pas pour autant que les autres réalités sont inexistantes. Dans les réalités parallèles, j'ai bu tout le verre d'eau, j'ai dansé autour du verre ou dansé avec la lampe...

L'Univers, c'est la multitude de choix et de combinaisons possibles existantes et nous, à chaque fois, nous prenons le chemin d'une seule. Il y a une infinité de cordes, de possibilités et de combinaisons qui font des réalités parallèles. Pour chaque situation, chaque seconde, nous n'en choisissons qu'une seule.

Ce que je vous propose avec cet outil vénusien, c'est de repérer ce que nous tenons pour acquis : nous sommes le résultat d'une corde et nous croyons qu'il nous manque ce que nous n'avons pas reçu à travers celle-ci. Il est important de comprendre que toutes les cordes sont ici et que nous pouvons choisir notre corde idéale puisqu'elle existe aussi. Nous la choisissons et nous la ressentons.

C'est sans doute compliqué à comprendre pour le mental mais il est possible d'imaginer que toutes les cordes sont ici devant nous. Ainsi, vous avez tiré cette corde et vous êtes devenu cette personne-là. Mais si vous décidez maintenant de saisir cette autre corde, alors vous devenez une autre personne. **En faisant ces nouveaux choix, vous réintégrez des parties de vous-même.** Cela signifie que, quand vous avez projeté ce souvenir, vous étiez cette personne-là, avec ces manques. Une fois que vous avez utilisé l'outil, vous êtes une nouvelle personne. Vous avez pris une dimension parallèle puisque toutes les dimensions se fondent entre elles et que vous pouvez faire converger deux dimensions.

Cet outil vous permet de voir que tout ce que vous recherchez d'une situation, vous pouvez le ressentir à l'instant. Il vous est tout à fait possible de vous servir de cet outil en permanence. Vous souhaitez quelque chose dans votre vie, comme un travail où vous vous sentez complètement épanoui et pour l'instant ce n'est pas le cas ? Vous pouvez projeter sur cet écran cette version de vous complètement épanouie, satisfaite, comblée par l'activité que vous exercez. Vous vous syntonisez avec cela. Vous ressentez cet équilibre. Cela va libérer en vous des codes et créer un écho qui va travailler sur votre abondance et sur ce que vous souhaitez.

C'est tellement simple. **Nous sommes là pour ressentir les choses.** Par exemple, vous voyez des choses qui traînent dans votre salon ou le tapis qui n'est pas droit et vous râlez ; quand vous êtes dans un ressenti intérieur, vous allez remettre le tapis en vous disant avec le sourire que vous aimez quand il est bien droit. Votre réalité de l'instant n'a rien à voir avec le tapis, elle a à voir avec votre ressenti.

Quand vous comprenez que vous êtes un être multidimensionnel, autant choisir les réalités qui vont faire que vous vous sentez maintenant comme la meilleure version de vous-même !

Les applications de l'outil vénusien

Cet outil est somnolent en nous tous. C'est un savoir que nous ne faisons que réveiller.

Les Vénusiens m'ont expliqué que dans leur « médecine », quand quelqu'un a le sentiment d'avoir fait une erreur, il est emmené dans cette salle et l'on change cette corde du temps pour en prendre une autre. Ainsi la personne est-elle instantanément rééquilibrée.

C'est donc un outil qui peut éviter les maladies. Une maladie du corps physique n'est rien d'autre qu'un déséquilibre subtil et spirituel qui est devenu mental et émotionnel. Il a traversé toutes les densités de vos corps subtils pour atterrir dans le corps physique. **Les énergies de Vénus, au lieu de guérir les corps physiques, vont réharmoniser les déséquilibres mentaux et émotionnels des corps invisibles.** De cette manière, les maladies physiques peuvent être évitées. Étant donné que ce sont nos corps subtils qui viennent alimenter nos corps physiques, et non l'inverse, quand nous créons un rééquilibrage à la base, les maladies n'ont pas le temps de se former dans le corps physique.

Ce qui nous empêche d'accéder à cette médecine, c'est nous-même. C'est-à-dire nos croyances et notre ignorance de toutes ces capacités que l'on a et que tout se situe au niveau du physique. Ce qui est absolument faux.

Comment ressentir et capter l'énergie vénusienne dans notre quotidien pour s'améliorer ?

Il suffit de voir la beauté en toute chose : une mère avec son enfant, un bourgeon en train de fleurir… Plus nous y prêtons attention et plus nous pouvons la voir à l'intérieur de soi et en ressentir la profondeur. Nous pouvons découvrir combien la réalité est belle, combien la simplicité est magnifique. Une fois peut suffire, si vous en avez l'impression ou le sentiment. **Si vous avez ressenti quelque chose de différent, alors vous avez changé de ligne de temps.** Vous venez de faire un saut dans une ligne beaucoup plus favorable que celle où vous étiez juste avant. Si cette scène se projette à nouveau, c'est qu'elle n'a pas été intégrée totalement et donc que ce n'est pas terminé. C'est le sentiment qui donne l'information.

C'est fantastique d'avoir autant de choix, plus vastes, plus profonds qu'un simple choix physique.

Nous pouvons utiliser cet outil avec tout, même si cela implique d'autres personnes. Étant donné que nous sommes tous interdépendants sur tous les plans, l'outil vénusien peut influencer également les autres. Attention donc à ne pas faire de son souvenir idéal une manipulation ou une vengeance envers quelqu'un. **Un souvenir idéal implique forcément des conséquences collatérales positives.** Il est induit par la force Amour. Nous pouvons donc impliquer d'autres personnes dans le scénario mais cet outil ne peut pas être utilisé à des fins de contrôle et de manipulation car cela engage toujours le libre arbitre des protagonistes.

Quand cela concerne une sensation physique, c'est plus difficile parce qu'elle est déjà là. **On rééquilibre des sentiments, des sensations, des ressentis pour que ça n'aille pas s'inscrire dans le physique ensuite.** Personnellement, quand je me sens un peu flasque, je me mets dans le souvenir, dans le ressenti corporel de celle que j'étais quand je faisais de la gymnastique de façon intensive. Mon corps épouse alors ce ressenti. Ce sont les énergies qui créent les formes et non l'inverse.

Cet outil peut servir à nous libérer de nos barrières afin de faire ressortir notre lumière. Il nous permet de retrouver un équilibre et une harmonie intérieure. Mais tout travail intérieur est un long travail de bienveillance et d'apprentissage qui demande patience et perspicacité.

Tout n'est pas à changer. Il s'agit juste d'un rééquilibrage. Il doit plus s'agir d'un usage ponctuel. Ce qui est intéressant à comprendre c'est que, lorsque vous n'avez pas connaissance de cet outil, c'est difficile d'y aller. Quand vous le connaissez comme maintenant, il se peut que vous y soyez invité, sans y penser et que par conséquent vous vous retrouviez dans cette salle. Il s'agit d'une sorte de « médecine » sur-mesure à domicile. Cela peut se présenter directement à vous ou provenir de votre volonté propre : une envie de vous y rendre. Vous le ressentez et vous prenez dix minutes pour vous y rendre.

Il est important de ne jamais laisser un outil subtil devenir une contrainte. Les personnes qui s'imposent une méditation de dix minutes tous les matins peuvent rendre cette routine contraignante et fastidieuse si elle est programmée sans envie. En revanche, si nous faisons les choses en étant invité par le cœur cela sera très différent. Nous serons alors entrainés dans un flux plus léger et lumineux parce que nous surfons alors sur notre propre vague.

Oubliez d'effectuer des exercices par contrainte. Cela ne sert qu'à vous conditionner. Soyez des enfants qui ont une envie ardente d'essayer un nouveau jeu.

On me demande parfois si nous pouvons visualiser la meilleure issue possible d'une situation. À mon avis, cela requiert une certaine vigilance. Si l'on attend d'une situation qu'elle aille dans notre sens, nous allons créer une attente et donc de la déception. Si nous imaginons la meilleure issue possible d'une situation qui n'a pas encore eu lieu, nous pouvons nous sentir merveilleusement bien mais il est ensuite important de savoir lâcher. Se créer une attente, c'est se créer une déception potentielle et ruminer quelque chose que l'on n'a pas lâché.

L'outil vénusien n'est pas une formule magique pour obtenir ce que l'on souhaite mais

bien une formule d'éclairage intérieur qui va ramener l'équilibre et la paix en soi. Quand cet état est là, entièrement en nous, nous sommes alors en équilibre, en harmonie.

Au-delà des souvenirs, les émotions

Si vous éprouvez des difficultés à voir des souvenirs, vous pouvez remplacer des émotions désagréables par des émotions agréables.

Si sept milliards d'individus sur la planète arrivaient à remplacer leurs émotions négatives par des émotions positives, plus personne ne tuerait. Cela demande un long travail intérieur mais ce sont ces richesses intérieures que nous sommes venus développer dans l'expérience de l'incarnation.

Chacun d'entre nous a vécu d'innombrables expériences. Nous ne nous souvenons pas de toutes par protection du Moi. Il y a certaines données avec lesquelles nous n'avons pas envie de nous réincarner car nous serions plongés dans des méandres obscurs. Voilà pourquoi nous venons avec les outils et les savoirs évolutifs intérieurs et que l'on peut ainsi les raviver dès lors qu'ils nous sont utiles.

Sachez que vous pouvez canaliser des quantités d'informations tout comme je l'ai fait avec cet outil. Je ne l'ai lu nulle part. On est venu me chercher pour me le montrer alors que j'étais dans mon lit. Je l'ai retrouvé car j'avais l'impression d'avoir déjà été dans cette salle-là et je me suis laissée complètement inspirer pour entendre les explications.

Il n’est nullement question ici de rechercher une cause mais un équilibre. On ne cherche pas non plus à se limiter dans un aspect parce que nous avons en nous tous les autres aspects.

Nous parlons de vivre intérieurement quelque chose qui est du domaine du sentiment, du ressenti, qui fait que toute notre vibration va être mise à jour, mise en lumière. **Nous ne parlons pas de changer quelque chose pour se sentir mieux mais d’une transformation intérieure parmi toutes les transformations intérieures que nous allons vivre dans notre vie.**

À VOUS, LES ÂMES SUR LE CHEMIN DE LA GUÉRISON

Ce n'est plus le temps des rancunes, mais celui du pardon. Ce n'est plus le temps des suppositions mais celui du silence, ce silence profond qui ramène la paix intérieure. Ce n'est plus le temps de vous sentir incompris, comprenez que tout le monde cherche sa vérité et que tout le monde se compare à tout le monde pour se situer, mais que chaque personne ne peut le faire qu'à travers la conscience qu'il a réussi à développer.

Quand nous nous référons à notre personne en tant qu'individu, nous nous exposons aux troubles des obstacles, des attentes, des déceptions et à tout ce qui diffère des images que nous construisons pour nous rassurer, pour nous donner un ordre illusoire intérieur que tout se déroule en sécurité.

Lorsque l'on se réfère à sa majestueuse, cette lumière divine en nous, nous remettons notre confiance non pas à des personnes, des savoirs ou des références, mais à la divine matrice, l'Amour chef d'orchestre qui prend soin de nous, tant que l'on prend soin d'elle. Ne demandez pas de l'aide uniquement quand vous vous retrouvez dans une situation délicate, fatigué ou pris dans une sensation d'emprisonnement. C'est comme attendre que la maladie s'installe pour aller ensuite se faire soigner chez le médecin.

Prenez soin de vous au quotidien, prenez soin de vous fier à cette lumière intérieure car alors elle émanera sur tout votre corps et garantira votre santé et toutes vos réalisations.

> « La guérison est un acte d'amour inconditionnel à soi, dans le cœur de tous, UNI PAR L'UN. »